HYPNOSETEXTE FÜR COACHING UND THERAPIE

BAND 78

WORKAHOLIC, ARBEITSSUCHT UND ZIELVERBISSENHEIT

IMPRESSUM

Wichtige Hinweise zur dringenden Beachtung: Die Inhalte dieses Buches beruhen auf den praktischen Erfahrungen des Autors mit Hypnoseanwendungen und Psychotherapie im Zustand der Trance. Obwohl sich der Autor um größtmögliche Sorgfalt bemüht hat, können Fehler oder Missverständnisse in der Darstellung nicht vollkommen ausgeschlossen werden. Die therapeutische Arbeit mit Menschen sowie die Anwendung der Hypnose obliegen ausschließlich der Verantwortung des Hypnotiseurs. Es kann nicht ausgeschlossen werden, dass Teile dieses Buches falsch verstanden werden oder die Anwendung eines vorgestellten Verfahrens eine ungewünschte Reaktion beim Klienten bewirken kann. Eine Mitverantwortung des Autors besteht auch dann nicht, wenn unter Hinweis auf die Ausführungen dieses Buches mit einem Klienten gearbeitet wird.

Der Autor: Ingo Michael Simon studierte Psychologie und Pädagogik und ist Hypnosetherapeut mit Praxistätigkeiten in Südwestdeutschland und in der Schweiz. Mit Hilfe hypnosegestützter Psychotherapie behandelt er vor allem Menschen mit anhaltenden psychischen Leiden. Angststörungen, pathologische Zwänge und psychosomatische Erkrankungen bilden den Schwerpunkt seiner Praxistätigkeit. Zu seinen therapeutischen Angeboten gehören hauptsächlich klassische und moderne Hypnoseanwendungen und die von ihm selbst entwickelte Traumlandtherapie.

Inhaltsverzeichnis

DAS BAUKASTENSYSTEM

Ich möchte mich zunächst einmal bei allen Leserinnen und Lesern für die vielen Zuschriften und das damit verbundene Feedback zu meinen Büchern bedanken. Nachdem ich einige Ratgeber zu verschiedenen Hypnosetechniken geschrieben hatte, habe ich in den letzten Jahren vor allem Textsammlungen veröffentlicht. Die vielen Rückmeldungen hierzu haben gezeigt, dass das Bedürfnis nach Hypnosetexten mindestens genau so hoch ist wie das nach brauchbaren und leicht verständlichen Anleitungen. Mit der Reihe *Zehn Hypnosen* ist vor einiger Zeit ein Baukastensystem entstanden, mit dem viele Hypnotiseure und Therapeuten sehr gute Erfahrungen in ihren Praxen machen. Es gibt ja zahlreiche Varianten und Vorgehensweisen bei der Arbeit mit Trancezuständen. Ich versuche in meinen Textsammlungen daher auch immer, mehrere Möglichkeiten anzubieten. Es scheint so zu sein, dass es einerseits viele Hypnotiseure gibt, die gerne experimentieren und sich von Texten auch dazu animieren lassen, neue Techniken auszuprobieren; andererseits erreichen mich viele Mails von Leserinnen und Lesern, die bevorzugt mit Suggestionstexten arbeiten.

Mit der vorliegenden Reihe *Hypnosetexte für Coaching und Therapie* will ich daher die speziellen Interessen der Hypnotiseure bedienen, die sich auf die suggestive Form der Hypnosearbeit konzentrieren. Und sicherlich werden einige auch hierbei neue Techniken des erfolgreichen Suggerierens kennen lernen.

Der Aufbau und Ablauf einer Hypnose wird von verschiedenen Autoren und Ausbildern unterschiedlich beschrieben, wobei die meisten jedoch der gleichen Grundidee folgen. Ich bevorzuge nicht nur einfache Abläufe, sondern auch nachvollziehbare Gliederungen und unterscheide in dieser Buchreihe daher sechs Schritte einer suggestiven Hypnosesitzung. Ich habe mich an die traditionelle Vorgehensweise der Hypnose gehalten, um vor allem allen Einsteigern der Hypnosearbeit und allen, die vorwiegend mit Suggestionshypnosen arbeiten möchten, die Anwendung zu erleichtern. Ich unterscheide in dieser Reihe folgende Schritte einer Hypnose:

1. Einleitung (Induktion)
2. Körperentspannung
3. Vertiefung und Compliance (Förderung der Kooperationsbereitschaft)
4. Übergang zur Ich-Form (Nur für Hauptteile in Ich-Form)
5. Hauptteil mit Stabilisierung/Ausblick (Therapieteil, Anwendungsteil)
6. Dehypnose 1 (Übergang zur Ausleitung)
7. Dehypnose 2 (Ausleitung der Trance)

Die Punkte in den Texten ... ... unterbrechen ... ... den ... ... Lesefluss und zwingen zu Pausen bzw. zum langsamen Lesen, was meistens viel schwieriger ist als langsames Freisprechen. Bauen sie die Texte in ihre Sitzungen ein und lesen sie diese vor oder verändern sie Teile und passen sie für ihre Klienten an. Allgemein gültige Textvorlagen, die bei allen Klienten und allen Problemkonstellationen gleichermaßen wirken, können nicht erstellt werden. So verstehe ich meine Bücher auch nicht. Ich verstehe sie vor allem als Beispielsammlungen, die in vielen Fällen, so bestätigen es zahlreiche Zuschriften meiner Leserinnen und Leser, bereits passend sind oder durch wenige individuelle und personalisierte Ergänzungen passend gemacht werden können. Ich verstehe sie aber auch als Vorlagen, die als Basis für eigene Texte und Suggestionen dienen können. Entscheiden sie selbst!

Eine Besonderheit dieser Buchreihe besteht darin, dass es jeweils Texte in der typischen Du-Form gibt, aber auch einige Texte in Ich-Form. Die Erfahrung vieler Therapeuten in Deutschland und in Übersee hat gezeigt, dass Suggestionen in Ich-Form in bestimmten Fällen und in Zusammenhang mit speziellen Themen und Suggestionstechniken besser angenommen werden, da Zuhörer sie eher als eigene Gedanken annehmen und weniger als Kommando von außen. Hier gilt wie immer: Probieren Sie es aus! Die zweite Besonderheit besteht darin, dass es zu jeder Hypnose einen weiteren Textbaustein zur Ergänzung, Abwandlung und Individualisierung des Hauptteils gibt. Damit sind es dann nicht mehr zehn Hauptteile, sondern ohne eigenen Schreibaufwand der Leserinnen und Leser zwanzig. Sie werden daher in den Hauptteilen Passagen entdecken, die durch +++ **fett gedruckte Pluszeichen abgetrennt sind** +++ Diese Passagen sind optional. Sie können hier immer zwischen zwei Varianten wählen. In früheren Ausgaben dieser Buchreihe haben wir jeweils einen Textbaustein zum Ersetzen ans Ende des betreffenden Hauptteils gesetzt. Die beiden Varianten oder Textbausteine zur Auswahl haben wir in den neueren Ausgaben (so auch in dieser hier) jeweils direkt nacheinander abgedruckt. Wir haben in den neusten Ausgaben diese Form gewählt, damit Sie nicht mehr hin und her blättern müssen. Die Vorgehensweise ist ganz einfach und selbsterklärend. Sie werden sich leicht zurecht finden. Und ohne Aufwand können Sie aus einer Hypnose dieses Buches zwei Sitzungen machen oder die beste Variante für Ihren Klienten finden. Und falls sie selbst etwas formulieren wollen, lohnt es sich (aus meiner Sicht) am meisten, genau diese Passagen zu individualisieren. Wenn Sie also selbst einen Textbaustein erstellen möchten, ersetzen am besten die Passagen, die durch +++ deutlich abgetrennt sind.

Ich möchte an dieser Stelle noch darauf hinweisen, dass Bücher keine Therapien ersetzen können. Zu einer Psychotherapie oder einer anderen therapeutischen Behandlung gehört selbstverständlich mehr. Eine sorgsame Diagnostik ist die notwendige Entscheidungsgrundlage für den Einsatz der Mittel, also auch dafür, ob Hypnose oder einer meiner Texte zur Anwendung kommen mag. Doch auch in diesem Fall gehören Vorgespräche, Nachgespräche während der Sitzung und natürlich ein therapeutisches Konzept der Sitzungsfolge und inhaltlichen Vorgehensweise zu einer Therapie. Das kann und will ich nicht mit einer Textsammlung leisten.

Ich wünsche Ihnen jedenfalls sehr viel Erfolg mit Ihrer Arbeit und freue mich, wenn ich mit meinen Textvorlagen einen kleinen Beitrag dazu leisten darf.

Ingo Michael Simon

EINLEITUNG

… … Du darfst nun in Trance gehen … … Trance ist ein ganz natürlicher Zustand, den du oft erlebst, wenn du Ruhe suchst … … Diesen Zustand kannst du daher sehr schnell erreichen … … Meine Worte helfen dir in Trance zu gehen … … Höre also meine Worte, die tief in dein Inneres fließen … … Lass dich von meinen Worten führen … … Höre, was ich sage und spüre, wie es dann geschieht … …

… … In Trance kannst du alles ändern … … Du sinkst ganz sanft in diese Trance, die Entspannung trägt dich sanft immer tiefer und trägt dich … … *Jetzt* … …

… … In Trance ist alles möglich, was dir hilft … … Du sinkst ganz sanft in diese Trance, die Entspannung trägt dich sanft immer tiefer und trägt dich … … *Jetzt* … …

… … In Trance findest du zu dir und zu deiner Balance zurück … … Du sinkst ganz sanft in diese Trance, die Entspannung trägt dich sanft immer tiefer und trägt dich … … *Jetzt* … …

KÖRPERENTSPANNUNG

… … Folge nun der Entspannung deines Körper und gehe mit ihm in Trance … … Du spürst das in der Entspannung und Trance deines Kopfes … …

… … Folge nun der Entspannung deines Körper und gehe mit ihm in Trance … … Du spürst das in der Entspannung und Trance deines Oberkörpers … …

… … Folge nun der Entspannung deines Körper und gehe mit ihm in Trance … … Du spürst das in der Entspannung und Trance deiner Arme und deiner Hände … …

… … Folge nun der Entspannung deines Körper und gehe mit ihm in Trance … … Du spürst das in der Entspannung und Trance deiner Beine und deiner Füße … …

… … Folge nun der Entspannung deines Körper und gehe mit ihm in Trance … … Du spürst das in der Entspannung und Trance deines ganzen Körpergefühls … …

… … Entspanne nun ganz, ganz tief … … Spüre die ganz tiefe Trance … …

VERTIEFUNG UND COMPLIANCE

… … Du kannst noch tiefer entspannen und du willst noch tiefer entspannen … … denn in der tiefen Entspannung kannst du dich wirklich achtsam und liebevoll auf dich selbst einstellen und dir selbst nahe sein … … In tiefer Entspannung kannst du genau das … … .

… … Du spürst die Entspannung deines Körpers bereits deutlich … … also kannst du auch spüren, wenn du gleich noch viel tiefer entspannst … … .

… … Du kannst jedes einzelne Wort genau verstehen, so als würdest du es selbst sagen … … also kannst du auch mit jedem Wort noch tiefer entspannen und noch schneller zu dir selbst finden … … .

… … Du spürst deutlich die Müdigkeit … … also kannst du auch ganz deutlich spüren, wenn du gleich noch müder wirst und eine wirklich tiefe Trance erreichst … … deine Trance … … deine heilsame und befreiende Trance … … .

ÜBERGANG ZUR ICH-FORM
Nur bei Verwendung eines Hauptteils in Ich-Form

… … Also fangen wir an … … Du willst dich vom Zwang des Arbeitens und von dem anstrengenden Perfektionismus befreien … … Du hast Hypnose als Weg gewählt … … Du hast *diese* Hypnose als deinen Weg gewählt … … Also bist du bereit, dich führen und leiten zu lassen … … Also bist du bereit, der Stimme, die du hörst, zu vertrauen und ihr zu folgen … … *meiner* Stimme zu folgen … … so, als wäre es *deine eigene* Stimme, die all diese helfenden Worte spricht … … so, als wären es *deine Gedanken,* die diese Worte formulieren und dann auch aussprechen … … Was wir selbst aussprechen, ist für uns oft von größerer Bedeutung als die Worte anderer, weil wir *selbst entscheiden* … … Genau das kannst auch *du* heute tun … … *Du* kannst selbst entscheiden und meine Worte können zu *deinen* Worten werden … …

… … Du hörst meine Stimme und meine Worte, die dann so wie *deine eignen* sind … … denn dann *bist du selbst es,* der die Worte hört und *du selbst bist es,* der die Worte spricht … … dann sagst *nämlich du selbst* … …

11

HAUPTTEIL 1

Direkte Suggestion (introspektiv), Du-Form

Direkte Suggestionen können leicht abgelehnt werden. Doch sie können auch hochwirksam sein, wenn sie richtig eingebettet werden. Es kommt darauf an, Bedingungen zu schaffen, die dazu führen, dass die Suggestionen bereitwillig angenommen werden. Hierfür ist vor allem der erste Abschnitt des Hauptteiles wichtig. Hier stelle ich eine alternative und sehr wirksame Vorgehensweise vor, die mit sehr einfach erscheinenden Suggestionen arbeitet, ähnlich einer insistierenden Suggestion. Warum aber werden solch „einfache" Suggestionen tatsächlich angenommen? Weil es sich hierbei um eine Art Innenschau (Introspektion) handelt. Es geht zwar um das jeweilige Thema des Klienten/Patienten, doch es wird ausschließlich mit den drei Aspekten Selbstannahme, Selbstvergebung und Selbstliebe gearbeitet. Den meisten Menschen fällt es gar nicht so leicht, sich selbst vorbehaltlos anzunehmen oder gar sich selbst zu lieben. Doch der Wunsch danach liegt wohl in jedem Menschen, zumindest in jedem, der noch Hilfe aufsucht. Das insistierende Wiederholen einer Hauptsuggestion pro Abschnitt ist wie eine sich ständig wiederholende Erlaubnis, sich ganz um sich selbst zu kümmern. In vielen Fällen lohnt es sich, eine solche Hypnose in der ersten oder zweiten Sitzung zu machen um den weiteren Weg der Therapie zu begünstigen. Übrigens kann auch eine „neutrale" Version angeboten werden, die sich themenunabhängig mit Selbstannahme, Selbstvergebung und Selbstliebe beschäftigt. Erfolgreiche Selbstliebe ist die beste Basis für jede konstruktive Weiterentwicklung. Wie so oft gilt hier: Probieren Sie es aus und lassen Sie sich von der Wirkung einer so „einfachen" Vorgehensweise überraschen!

Vorbereitung

… … Du kennst die Arbeitssucht gut … … diese Verbissenheit und das Nicht-Mehr-Loslassen-Können … … Du hast es selbst erlebt … … Mit der Zeit bist du da immer tiefer hineingeraten, hast lange Zeit kaum bemerkt, dass du überhaupt nicht mehr abschalten konntest… … Du hast versucht, da raus zu kommen … … hast versucht, anders zu denken und zu fühlen … … Manchmal ist es vielleicht sogar gelungen, doch dann kam diese Unruhe zurück … … Doch das ist eine gute Nachricht, denn es ist dir auch immer wieder gelungen, dich von den ständigen Gedanken an die Arbeit zu befreien und locker zu bleiben, sogar Pause oder Freizeit zu genießen … … So gelingt es auch heute … … Heute gelingt dir sogar eine *echte* Befreiung und eine *echte* Entlastung … … Heute gelingt dir eine *dauerhafte* Befreiung … … Heute gelingt dir eine *dauerhafte* Entlastung … … und dann entsteht ein neues Arbeitsgefühl … … Hierzu gehst du zunächst in dich und begegnest dir selbst … … Du gehst heute tief in dein Gefühl … … tiefer als sonst … … Heute geht dein Blick ganz nach innen und mit deinem Blick gehen deine Gedanken nach innen … … und mit deinen Gedanken gehen deine Gefühle nach innen … … denn dort beginnt das wirklich Neue … … in dir selbst … … in deinem tiefen Gefühl … … in deinen Emotionen, die anders sind als du vielleicht dachtest … … Also lass uns diesen Schritt gehen … … den ersten und entscheidenden Schritt der Erneuerung … …

Selbstannahme / Selbstakzeptanz

… … Nimm die vergangene Zeit der Arbeitssucht an und auch den Perfektionismus … …

… … denn all das gehört zu dir und zu deiner persönlichen Geschichte … …

… … *{ca. 5-10 Sekunden schweigen}* …

… … Nimm die vergangene Zeit der Arbeitssucht an und auch den Perfektionismus … …

… … denn so kannst du deine Vergangenheit verarbeiten und an ihr wachsen … …

… … *{ca. 5-10 Sekunden schweigen}* …

… … Nimm die vergangene Zeit der Arbeitssucht an und auch den Perfektionismus … …

… … denn so kannst du die Arbeitssucht genau jetzt loslassen und frei sein … …

… … *{ca. 5-10 Sekunden schweigen}* …

… … Nimm die vergangene Zeit der Arbeitssucht an und auch den Perfektionismus … …

… … denn so kannst du jetzt ein neues und gutes Lebensgefühl erschaffen … …

… … *{ca. 5-10 Sekunden schweigen}* …

… … Nimm die vergangene Zeit der Arbeitssucht an und auch den Perfektionismus … …

… … denn so findest du zurück zu dir selbst, zurück in die Normalität … …

… … *{ca. 5-10 Sekunden schweigen}* …

Selbstvergebung / Selbstverzeihen

+++ Variante 1: Arbeitssucht, allgemein +++

… … Vergib dir selbst, lass deine Schuldgedanken los, du kannst das … …

… … weil du weißt, dass die Arbeitssucht niemals schuldhaft war … …

… … *{ca. 5-10 Sekunden schweigen}* …

… … Vergib dir selbst, lass deine Schuldgedanken los, du kannst das … …

… … weil du jetzt wirklich dazu bereit bist, den Zwang des Perfekten loszulassen … …

… … *{ca. 5-10 Sekunden schweigen}* …

… … Vergib dir selbst, lass deine Schuldgedanken los, du kannst das … …

… … weil du jetzt wirklich dazu bereit bist, ein ausgeglichenes Leben zu führen … …

… … *{ca. 5-10 Sekunden schweigen}* …

… … Vergib dir selbst, lass deine Schuldgedanken los, du kannst das … …

… … weil du jetzt wirklich dazu bereit bist, dich selbst ganz anzunehmen … …

… … *{ca. 5-10 Sekunden schweigen}* …

… … Vergib dir selbst, lass deine Schuldgedanken los, du kannst das … …

… … weil du jetzt wirklich dazu bereit bist, du selbst zu sein … …

… … *{ca. 5-10 Sekunden schweigen}* … **+++ Ende Variante 1 +++**

+++ Variante 2: Perfektionistische Zielverbissenheit im Beruf +++

… … Vergib dir selbst, lass alle Gedanken an vermeintliche Versäumnisse los … …

… … weil du weißt, dass es niemals schuldhafte Versäumnisse gab … …

… … *{ca. 5-10 Sekunden schweigen}* …

… … Vergib dir selbst, lass alle Gedanken an vermeintliche Versäumnisse los … …

… … weil du jetzt wirklich dazu bereit bist, den Zwang des Perfekten loszulassen … …

… … *{ca. 5-10 Sekunden schweigen}* …

… … Vergib dir selbst, lass alle Gedanken an vermeintliche Versäumnisse los … …

… … weil du jetzt wirklich dazu bereit bist, ruhiger und gelassener zu arbeiten … …

… … *{ca. 5-10 Sekunden schweigen}* …

… … Vergib dir selbst, lass alle Gedanken an vermeintliche Versäumnisse los … …

… … weil du jetzt wirklich dazu bereit bist, dich selbst ganz anzunehmen … …

… … *{ca. 5-10 Sekunden schweigen}* …

… … Vergib dir selbst, lass alle Gedanken an vermeintliche Versäumnisse los … …

… … weil du jetzt wirklich dazu bereit bist, wieder du selbst zu sein … …

… … *{ca. 5-10 Sekunden schweigen}* …

+++ Ende Variante 2 +++

Selbstliebe

… … Kümmere dich liebevoll um dich selbst und sei dir selbst nahe … …

… … mit der Gewissheit, dass du das wirklich willst … …

… … *{ca. 5-10 Sekunden schweigen}* …

… … Kümmere dich liebevoll um dich selbst und sei dir selbst nahe … …

… … mit der Gewissheit, dass du das wirklich kannst … …

… … *{ca. 5-10 Sekunden schweigen}* …

… … Kümmere dich liebevoll um dich selbst und sei dir selbst nahe … …

… … mit der Gewissheit, dass du es wirklich wert bist, geliebt zu werden … …

… … *{ca. 5-10 Sekunden schweigen}* …

… … Kümmere dich liebevoll um dich selbst und sei dir selbst nahe … …

… … mit der Gewissheit, dass Selbstliebe dich auf deinem neuen Weg begleitet … …

… … *{ca. 5-10 Sekunden schweigen}* …

… … Kümmere dich liebevoll um dich selbst und sei dir selbst nahe … …

… … mit der Gewissheit, dass deine Selbstliebe echt und ehrlich ist … …

… … *{ca. 5-10 Sekunden schweigen}* …

HAUPTTEIL 2
Direkte Suggestion (introspektiv), Ich-Form

Direkte Suggestionen können leicht abgelehnt werden. Doch sie können auch hochwirksam sein, wenn sie richtig eingebettet werden. Es kommt darauf an, Bedingungen zu schaffen, die dazu führen, dass die Suggestionen bereitwillig angenommen werden. Hierfür ist vor allem der erste Abschnitt des Hauptteiles wichtig. Hier stelle ich eine alternative und sehr wirksame Vorgehensweise vor, die mit sehr einfach erscheinenden Suggestionen arbeitet, ähnlich einer insistierenden Suggestion. Warum aber werden solch „einfache" Suggestionen tatsächlich angenommen? Weil es sich hierbei um eine Art Innenschau (Introspektion) handelt. Es geht zwar um das jeweilige Thema des Klienten/Patienten, doch es wird ausschließlich mit den drei Aspekten Selbstannahme, Selbstvergebung und Selbstliebe gearbeitet. Den meisten Menschen fällt es gar nicht so leicht, sich selbst vorbehaltlos anzunehmen oder gar sich selbst zu lieben. Doch der Wunsch danach liegt wohl in jedem Menschen, zumindest in jedem, der noch Hilfe aufsucht. Das insistierende Wiederholen einer Hauptsuggestion pro Abschnitt ist wie eine sich ständig wiederholende Erlaubnis, sich ganz um sich selbst zu kümmern. In vielen Fällen lohnt es sich, eine solche Hypnose in der ersten oder zweiten Sitzung zu machen um den weiteren Weg der Therapie zu begünstigen. Übrigens kann auch eine „neutrale" Version angeboten werden, die sich themenunabhängig mit Selbstannahme, Selbstvergebung und Selbstliebe beschäftigt. Erfolgreiche Selbstliebe ist die beste Basis für jede konstruktive Weiterentwicklung. Wie so oft gilt hier: Probieren Sie es aus und lassen Sie sich von der Wirkung einer so „einfachen" Vorgehensweise überraschen!

Vorbereitung

… … Ich weiß, wie das ist, ständig zu arbeiten und nicht mehr davon loszukommen … … Ich habe es ja selbst so erlebt … … Alles wollte ich perfekt machen, bis ich schließlich nicht mehr abschalten konnte … … Oft habe ich versucht, das zu ändern, doch es wollte einfach nicht gelingen, die Arbeitssucht zu beenden und einen neuen Rhythmus aufzubauen … … Doch heute ist ein neuer Tag … … und an jedem neuen Tag kann ich das tun, was anliegt … … und heute liegt eine neue Zielsetzung an … … Heute geht es um meine Befreiung, um das Ende der Arbeitssucht und es Perfektionismus … … denn heute mache ich es einfach einmal anders als bisher … … Das ist heute auch viel einfacher, denn ich muss nur innerlich bereit sein für eine echte Veränderung … … Das ist mein Tag … … deswegen bin ich ja hier … … für meine echte Veränderung … … Ich weiß genau, dass jede Veränderung tief in mir selbst entsteht und dort wächst und sich entfaltet … … Und dann ändert sich auch das Äußere und meine Umgebung … … Es geht immer von innen nach außen … … Also gehe ich jetzt den inneren Schritt und dann den äußeren Schritt … … Ich gehe über Selbstrespekt und Selbstliebe … … Das ist mein Weg zu einem neuen und gesunden Arbeitspensum … … Das ist mein Weg des Neubeginns … … Das ist mein Weg … … Ich gehe ihn gelassen und leicht … …

Selbstannahme / Selbstakzeptanz

… … Ich bin bereit, mich selbst und meine Macken anzunehmen … …

… … weil ich weiß, dass dies der Weg der inneren Befreiung ist … …

… … *{ca. 5-10 Sekunden schweigen}* …

… … Ich bin bereit, mich selbst und meine Macken anzunehmen … …

… … weil ich weiß, dass jede Erfahrung ein wichtiger Teil von mir ist … …

… … *{ca. 5-10 Sekunden schweigen}* …

… … Ich bin bereit, mich selbst und meine Macken anzunehmen … …

… … weil ich weiß, dass ich mit Selbstrespekt auch die Arbeitssucht überwinde … …

… … *{ca. 5-10 Sekunden schweigen}* …

… … Ich bin bereit, mich selbst und meine Macken anzunehmen … …

… … weil ich weiß, dass ich mich so am schnellsten neu erfinden kann … …

… … *{ca. 5-10 Sekunden schweigen}* …

… … Ich bin bereit, mich selbst und meine Macken anzunehmen … …

… … weil ich weiß, dass ich es mir wirklich wert bin, ausgeglichen zu leben … …

… … *{ca. 5-10 Sekunden schweigen}* …

Selbstvergebung / Selbstverzeihen

+++ Variante 1: Arbeitssucht, allgemein +++

… … Ich vergebe mir, dass ich mich völlig im Arbeiten verstrickt und verloren hatte … …

… … weil mir klar ist, dass Schuldgefühle mich nur bremsen würden … …

… … *{ca. 5-10 Sekunden schweigen}* …

… … Ich vergebe mir, dass ich mich völlig im Arbeiten verstrickt und verloren hatte … …

… … weil mir klar ist, dass Balance im Mittelpunkt meines Lebens sein muss … …

… … *{ca. 5-10 Sekunden schweigen}* …

… … Ich vergebe mir, dass ich mich völlig im Arbeiten verstrickt und verloren hatte … …

… … weil mir klar ist, dass es keine überflüssigen Erfahrungen gibt … …

… … *{ca. 5-10 Sekunden schweigen}* …

… … Ich vergebe mir, dass ich mich völlig im Arbeiten verstrickt und verloren hatte … …

… … weil mir klar ist, dass alle Erfahrungen mich ausmachen und mich stärker machen … …

… … *{ca. 5-10 Sekunden schweigen}* …

… … Ich vergebe mir, dass ich mich völlig im Arbeiten verstrickt und verloren hatte … …

… … weil mir klar ist, dass ich damit wieder im Einklang mit mir selbst bin … …

… … *{ca. 5-10 Sekunden schweigen}* … **+++ Ende Variante 1 +++**

+++ Variante 2: Perfektionistische Zielverbissenheit im Beruf +++

… … Ich vergebe mir, dass ich immer und überall perfekt sein wollte … …

… … weil mir klar ist, dass Schuldgefühle mich nur beim Loslassen blockieren würden … …

… … *{ca. 5-10 Sekunden schweigen}* …

… … Ich vergebe mir, dass ich immer und überall perfekt sein wollte … …

… … weil mir klar ist, dass ich selbst im Mittelpunkt meines Lebens sein muss … …

… … *{ca. 5-10 Sekunden schweigen}* …

… … Ich vergebe mir, dass ich immer und überall perfekt sein wollte … …

… … weil mir klar ist, dass es keine überflüssigen Erfahrungen gibt … …

… … *{ca. 5-10 Sekunden schweigen}* …

… … Ich vergebe mir, dass ich immer und überall perfekt sein wollte … …

… … weil mir klar ist, dass alle Erfahrungen mich ausmachen und mich stärker machen … …

… … *{ca. 5-10 Sekunden schweigen}* …

… … Ich vergebe mir, dass ich immer und überall perfekt sein wollte … …

… … weil mir klar ist, dass ich damit wieder im Einklang mit mir selbst bin … …

… … *{ca. 5-10 Sekunden schweigen}* …

+++ Ende Variante 2 +++

Selbstliebe

… … Ich lasse die Verbissenheit los und kümmere mich nun liebevoll um mich selbst … …

… … mit der tiefen Zuversicht, dass ich mir selbst wirklich liebevoll begegnen kann … …

… … *{ca. 5-10 Sekunden schweigen}* …

… … Ich lasse die Verbissenheit los und kümmere mich nun liebevoll um mich selbst … …

… … mit der tiefen Zuversicht, dass ich mir selbst wirklich näher komme … …

… … *{ca. 5-10 Sekunden schweigen}* …

… … Ich lasse die Verbissenheit los und kümmere mich nun liebevoll um mich selbst … …

… … mit der tiefen Zuversicht, dass ich mich selbst wirklich finde … …

… … *{ca. 5-10 Sekunden schweigen}* …

… … Ich lasse die Verbissenheit los und kümmere mich nun liebevoll um mich selbst … …

… … mit der tiefen Zuversicht, dass Selbstliebe mich vom Perfektionismus befreit … …

… … *{ca. 5-10 Sekunden schweigen}* …

… … Ich lasse die Verbissenheit los und kümmere mich nun liebevoll um mich selbst … …

… … mit der tiefen Zuversicht, dass jetzt ein neues Leben für mich beginnt … …

… … *{ca. 5-10 Sekunden schweigen}* …

HAUPTTEIL 3

Insistierende Suggestion, Du-Form

Insistierend bedeutet „darauf bestehend" oder „beharrlich". Bei dieser Technik wird mit wenigen Suggestionen gearbeitet, die wie ein Mantra in mehreren Hauptsätzen hintereinander wiederholt werden. Das hört sich zunächst etwas altmodisch an. Allerdings wird jeweils in den Nebensätzen eine Begründung, Intention oder eine positive Bewertung angefügt, die den Hauptsatz (die eigentliche Suggestion) unterstützt. Wir haben also für jede Suggestion vier oder fünf gute Begründungen. Eine sehr wirksame und auch für Gruppenhypnosen sehr geeignete Variante.

Zielformulierung und Willensstärkung

… … Alles ist gut jetzt und du darfst dich nun einfach in die Ruhe der Trance fallen lassen …

… und damit erreichst du eine heilsame und tiefe Trance … …

… … Alles ist gut jetzt und du darfst dich nun einfach in die Ruhe der Trance fallen lassen …

… und damit kommst du dir selbst heute näher denn je … …

… … Alles ist gut jetzt und du darfst dich nun einfach in die Ruhe der Trance fallen lassen …

… und damit wirst du offen und bereit für einen neuen und ausgeglichenen Weg … …

… … Alles ist gut jetzt und du darfst dich nun einfach in die Ruhe der Trance fallen lassen …
… und in Ruhe kannst du alle Worte heilsam und tief wirken lassen … …

Gedankenausrichtung

… … Jetzt darfst du auch alle Gedanken an Arbeit loslassen, lass sie einfach weiter ziehen …
… und spüre die innere Freiheit und Balance, die du jetzt erlebst … …

… … Jetzt darfst du auch alle Gedanken an Arbeit loslassen, lass sie einfach weiter ziehen …
… und damit schaffst du Freiraum für neue Gedanken und Gefühle … …

… … Jetzt darfst du auch alle Gedanken an Arbeit loslassen, lass sie einfach weiter ziehen …
… und damit stellst du dich innerlich auf Gelassenheit und Balance ein … …

… … Jetzt darfst du auch alle Gedanken an Arbeit loslassen, lass sie einfach weiter ziehen …
… und lass alle helfenden Worte ihren Weg in die Tiefe finden … …

Somatische Ausrichtung

… … Sei einfach hier und nimm dein Körpergefühl der Entspannung wahr … … und in deinem Körpergefühl spürst du tiefe Ruhe, Gelassenheit und Balance … …

… … Sei einfach hier und nimm dein Körpergefühl der Entspannung wahr … … und in diesem Körpergefühl entstehen ganz von selbst Entspannung und Freiraum … …

… … Sei einfach hier und nimm dein Körpergefühl der Entspannung wahr … … und in diesem Körpergefühl beginnt ein neues und gelassenes Arbeitsgefühl … …

… … Sei einfach hier und nimm dein Körpergefühl der Entspannung wahr … … und in diesem Körpergefühl entsteht ein neuer und gelassener Umgang mit deiner Arbeit … …

Emotionale Ausrichtung

… … Lass deine Bedürfnisse aufsteigen und nimm sie an, denn sie gehören zu dir … … und du erkennst, dass es Bedürfnisse nach Freiraum und Ruhe in dir gibt … …

… … Lass deine Bedürfnisse aufsteigen und nimm sie an, denn sie gehören zu dir … … und du erkennst, dass das Annehmen deiner wahren Bedürfnisse dich gelassener macht … …

… … Lass deine Bedürfnisse aufsteigen und nimm sie an, denn sie gehören zu dir … … und du erkennst, dass es mehr Freiheitsdrang in dir gibt, als du zuvor gespürt hast … …

… … Lass deine Bedürfnisse aufsteigen und nimm sie an, denn sie gehören zu dir … … und du erkennst, dass Balance und Gelassenheit deine stärksten Bedürfnisse sind … …

Verhaltensausrichtung

+++ Variante 1: Arbeitssucht, allgemein +++

… … Du darfst dir selbst nun ein neues Ziel setzen, denn du wirst dein Ziel erreichen … … dein Ziel von gelassenem und ruhigem Arbeiten … …

… … Du darfst dir selbst nun ein neues Ziel setzen, denn du wirst dein Ziel erreichen … … dein Ziel von Erfolg durch Übersicht und Gelassenheit … …

… … Du darfst dir selbst nun ein neues Ziel setzen, denn du wirst dein Ziel erreichen … … dein Ziel von einem zufriedenen und sinnerfüllten Leben … …

… … Du darfst dir selbst nun ein neues Ziel setzen, denn du wirst dein Ziel erreichen … … dein Ziel von einem freien und aktiven Leben neben der Arbeit … …

+++ Ende Variante 1 +++

+++ Variante 2: Perfektionistische Zielverbissenheit im Beruf +++

… … Du darfst dir selbst nun ein neues Ziel setzen, denn du wirst dein Ziel erreichen … … dein Ziel vom Zulassen und Akzeptieren von Fehlern und Missgeschicken … …

… … Du darfst dir selbst nun ein neues Ziel setzen, denn du wirst dein Ziel erreichen … … dein Ziel von Gelassenheit bei Mängeln und Hindernissen … …

… … Du darfst dir selbst nun ein neues Ziel setzen, denn du wirst dein Ziel erreichen … … dein Ziel von Rücksicht und Nachsicht, auch dir selbst gegenüber … …

… … Du darfst dir selbst nun ein neues Ziel setzen, denn du wirst dein Ziel erreichen … … dein Ziel von einem freien und aktiven Leben neben der Arbeit … …

+++ Ende Variante 2 +++

Festigung

… … Du darfst nun in der Ruhe der heilsamen Trance verweilen und einfach die Entspannung genießen, denn in der Ruhe beginnt alles Neue … … und damit beginnt auch dein neues Leben in dieser Trance, ein Leben, das ohne Perfektionismus auskommt … …

… … Du darfst nun in der Ruhe der heilsamen Trance verweilen und einfach die Entspannung genießen, denn in der Ruhe beginnt alles Neue … … und damit spürst du auch neue Gelassenheit und Ruhe für einen neuen und entspannten Arbeitsrhythmus … …

… … Du darfst nun in der Ruhe der heilsamen Trance verweilen und einfach die Entspannung genießen, denn in der Ruhe beginnt alles Neue … … Du spürst die Veränderung … … Du spürst die Erneuerung … … Du spürst Gelassenheit … … Du spürst Freiheit … …

HAUPTTEIL 4

Insistierende Suggestion, Ich-Form

Insistierend bedeutet „darauf bestehend" oder „beharrlich". Bei dieser Technik wird mit wenigen Suggestionen gearbeitet, die wie ein Mantra in mehreren Hauptsätzen hintereinander wiederholt werden. Das hört sich zunächst etwas altmodisch an. Allerdings wird jeweils in den Nebensätzen eine Begründung, Intention oder eine positive Bewertung angefügt, die den Hauptsatz (die eigentliche Suggestion) unterstützt. Wir haben also für jede Suggestion vier oder fünf gute Begründungen. Eine sehr wirksame und auch für Gruppenhypnosen sehr geeignete Variante.

Zielformulierung und Willensstärkung

… … Ich lasse mich hier und jetzt vollkommen auf die Ruhe der Trance ein und ich nehme die Entspannung an … … denn das ist der erste Schritt zu mir selbst zurück … …

… … Ich lasse mich hier und jetzt vollkommen auf die Ruhe der Trance ein und ich nehme die Entspannung an … … denn in dieser Entspannung kann ich Perfektionismus loslassen … …

… … Ich lasse mich hier und jetzt vollkommen auf die Ruhe der Trance ein und ich nehme die Entspannung an … … denn in dieser Entspannung kann ich die Arbeitssucht loslassen … …

… … Ich lasse mich hier und jetzt vollkommen auf die Ruhe der Trance ein und ich nehme die Entspannung an … … und ich nehme auch gerne alle helfenden Worte an … …

Gedankenausrichtung

… … Ich weiß, dass ich meine echten Gefühle wieder annehmen will und kann … … und genau dieser Gedanke bringt mich zu mir selbst und macht mich gelassen und locker … …

… … Ich weiß, dass ich meine echten Gefühle wieder annehmen will und kann … … und dieser Gedanke hilft mir, den Perfektionismus loszulassen … …

… … Ich weiß, dass ich meine echten Gefühle wieder annehmen will und kann … … und dieser Gedanke hilft mir, Mängel und Fehler auszuhalten und dabei ruhig zu bleiben… …

… … Ich weiß, dass ich meine echten Gefühle wieder annehmen will und kann … … und genau diese Gefühle will ich finden, spüren und leben lassen … …

Somatische Ausrichtung

… … Ich spüre in diesem Augenblick die Ruhe und Entspannung meines Körpers … … und deshalb fällt es mir auch leicht, Perfektionismus und Arbeitszwang loszulassen … …

… … Ich spüre in diesem Augenblick die Ruhe und Entspannung meines Körpers … … und deshalb bleibe ich auch bei dem Gedanken an unerledigte Aufgaben ruhig und gelassen … …

… … Ich spüre in diesem Augenblick die Ruhe und Entspannung meines Körpers … … und deshalb bleibe ich auch in meinem Arbeitsalltag genau so ruhig und gelassen … …

… … Ich spüre in diesem Augenblick die Ruhe und Entspannung meines Körpers … … und deshalb gelingt es mir auch, eine neue und ausgeglichene Arbeitshaltung aufzubauen … …

Emotionale Ausrichtung

… … Ganz tief innen finde ich jetzt ein ganz neues und freies Gefühl und spüre es deutlich … … und dieses Gefühl wird immer und immer deutlicher … …

… … Ganz tief innen finde ich jetzt ein ganz neues und freies Gefühl und spüre es deutlich … … und dieses Gefühl lasse ich jetzt zu, denn es gehört zu mir … …

… … Ganz tief innen finde ich jetzt ein ganz neues und freies Gefühl und spüre es deutlich … … und dieses Gefühl nehme ich jetzt wirklich an, denn es gehört zu mir … …

… … Ganz tief innen finde ich jetzt ein ganz neues und freies Gefühl und spüre es deutlich … … und dieses Gefühl ist das Gefühl meiner neuen Freiheit … …

Verhaltensausrichtung

+++ Variante 1: Arbeitssucht, allgemein +++

… … Ich sage jetzt selbstbewusst und eindeutig *Ja* zu Freizeit und Freiraum für mich selbst …

… denn so kann ich den Zwang des Arbeitens tatsächlich loslassen … …

… … Ich sage jetzt selbstbewusst und eindeutig *Ja* zu Freizeit und Freiraum für mich selbst …

… denn so spüre ich auch wieder meine Interessen und Neigungen außerhalb der Arbeit … …

… … Ich sage jetzt selbstbewusst und eindeutig *Ja* zu Freizeit und Freiraum für mich selbst …

… denn so kann ich viel gelassener und lockerer arbeiten … …

… … Ich sage jetzt selbstbewusst und eindeutig *Ja* zu Freizeit und Freiraum für mich selbst …

… denn so achte ich tatsächlich auf mein Bedürfnis nach Ausgleich und innerer Balance … …

+++ Ende Variante 1 +++

+++ Variante 2: Perfektionistische Zielverbissenheit im Beruf +++

… … Ich sage jetzt selbstbewusst und eindeutig *Ja* zu meinen Ecken und Kanten und Fehlern

… … denn so kann ich Versäumnisse und Missgeschicke viel leichter ertragen … …

… … Ich sage jetzt selbstbewusst und eindeutig *Ja* zu meinen Ecken und Kanten und Fehlern

… … denn so spüre ich auch wieder Selbstsicherheit und Gelassenheit … …

… … Ich sage jetzt selbstbewusst und eindeutig *Ja* zu meinen Ecken und Kanten und Fehlern … … denn so kann ich jede Herausforderung des Alltages viel einfacher meistern … …

… … Ich sage jetzt selbstbewusst und eindeutig *Ja* zu meinen Ecken und Kanten und Fehlern … … denn so stehe ich zu meiner Menschlichkeit … … zu mir selbst … …

+++ Ende Variante 2 +++

Festigung

… … Ich vertraue darauf und ich spüre auch, dass ich viel lockerer geworden bin und vor allem meine Arbeit gelassener angehen kann … … Das gelingt mir genau jetzt, in dieser Trance, und an jedem kommenden Tag und dann ist es leicht und ganz selbstverständlich, ausgeglichen und zufrieden zu arbeiten und zu leben … …

… … Ich vertraue darauf und ich spüre auch, dass ich viel lockerer geworden bin und vor allem meine Arbeit gelassener angehen kann … … weil ich mich heute wirklich auf mich selbst und damit auf meine Bedürfnisse nach Ausgleich und Ruhe eingelassen habe und genau das jeden Tag erneut tun kann … … Ja, das werde ich tun … …

… … Ich vertraue darauf und ich spüre auch, dass ich viel lockerer geworden bin und vor allem meine Arbeit gelassener angehen kann … … Ich fühle das … … Ja, ich fühle das wirklich … … weil ich mir selbst wieder nahe bin … … Ja, ich bin mir selbst nahe … …

HAUPTTEIL 5

Klassische Suggestionshypnose, Du-Form

Der folgende Hypnosetext gehört zu den klassischen Hypnosen, die im Hauptteil (Anwendungsteil, Therapieteil) vor allem mit direkten Suggestionen arbeiten. Hierbei kommt es auf Formulierungen an, die eine konstruktive Grundhaltung fördern und die innere Ausrichtung auf das Therapieziel bestätigen. Bei klassischen Suggestionen kommen verschiedene Regeln und Vorgehensweisen zum Einsatz, die sich abwechseln oder miteinander kombiniert werden. Ausführliche Erläuterungen zu den zehn wichtigsten Suggestionsregeln mit Beispielen finden Sie in meinem Buch „Suggestionen richtig formulieren" (ISBN 978-3837095197).

Zielformulierung und Willensstärkung

… … Du hast dich mit deiner Art des Arbeitens auseinander gesetzt und du weißt, dass es nun darauf ankommt, dich selbst wieder auf eine neue Arbeitsweise einzustellen … … dein tiefes Inneres ganz danach auszurichten, so gut es geht, das Zwanghafte loszulassen und alle Herausforderungen, die damit verbunden sind, als Chancen zu begreifen … … um dich wieder auf eine konstruktive und zufriedene Arbeitsweise einzustellen … … so gut es geht … … so weit es möglich ist … … Meistens ist selbst in eingefahrenen Situationen mehr Veränderung möglich als wir denken … … und du hast beschlossen, alles zu finden und zu erreichen,

was möglich ist … … Eine erstaunliche Leistung, die du da vollbracht hast, dich so gut und so intensiv auf eine konstruktive Veränderung einzustellen … … Genau das ist der Weg, der dich wieder zu einer zufriedenen Arbeitsgestaltung zurückbringt … … zu echter Balance im Äußeren aber auch im Inneren … …

Gedankenausrichtung

… … Du kannst heute die Gelegenheit nutzen, deinen gesamten Organismus noch mehr darauf einzustellen … … alle deine Sinne auszurichten, damit dein Körper nun endlich zur Ruhe kommen kann und auch du in Ruhe deinen neuen Arbeitsrhythmus findest … … Darauf kommt es heute an und du stellst dich mit all deiner Kraft darauf ein … … Du richtest alle deine positiven Gedanken und Wünsche auf dieses eine Ziel hin aus … … konstruktiv und zwanglos arbeiten … … so gut und so schnell es geht … … gelassen arbeiten … … so gut und so schnell es geht … … und das ist viel leichter als du dachtest … … Liebevolle und befreiende Wünsche sind viel leichter als der anstrengende Kampf, den du so lange schon kämpfst … … Jetzt, in diesem Zustand der Ruhe und Entspannung, ist es der ehrliche und intensive Wunsch, der sich entfalten kann … … der Wunsch nach Ausgewogenheit und Freiheit … … der Wunsch nach Arbeiten ohne Zwang und ohne Perfektionismus, einfach gelassen … … und dir gelingt es ganz hervorragend, diesen Wunsch so ehrlich und mit solcher Überzeugung zu fühlen, dass dein Organismus sich ganz deutlich darauf einstellt, jetzt alle Energie und Kraft zu sammeln, um alles Zwanghafte und alles Perfektionistische loszulassen ... ... denn jetzt ist die notwendige Ruhe zu spüren ... ... Jetzt in dieser Ruhe hast du die Zeit und Ruhe, die du dafür brauchst ... ...

Somatische Ausrichtung

... ... Du spürst in dich hinein ... ... Du kannst die Veränderung jetzt schon fühlen, wenn du dich ganz auf deinen Körper konzentrierst ... ... Du fühlst die Entspannung als Signal dafür, dass dein Körper jetzt nur für sich selbst sein darf und ganz für sich selbst da sein darf ... ... mit deiner Erlaubnis ... ... mit deiner liebevollen Erlaubnis ... ... Dein Körper nutzt diese Freiheit zur Regeneration und zum Aufbau einer neuen Grundhaltung, denn unsere Grundhaltung zeigt sich immer in unserer Körperhaltung ... ... Dein Körper nutzt diese Freiheit mit deiner Erlaubnis ... ... denn deine Erlaubnis ist notwendig und hilfreich ... ... und du erteilst sie noch einmal in deinen Gedanken ... ... Du stellst dich ganz darauf ein zu sagen ... ... *Ich erlaube meinem Körper und mir selbst, jetzt Entspannung und Gelassenheit zu finden und jetzt den Perfektionismus entspannt loszulassen ... ... **Jetzt** ... ...*

Emotionale Ausrichtung

... ... Doch es ist noch mehr möglich ... ... Du hast so lange darüber nachgedacht, wie du diesen störenden und anstrengenden Perfektionismus am schnellsten loslassen kannst ... ... Du weißt, dass der Kampf deines Verstandes oft mit so vielen Dingen befasst war, dass du nicht frei genug warst, dich um dich selbst zu kümmern ... ... Jetzt *soll* es anders sein ... ... Jetzt *ist* es anders ... ... Jetzt kommt es auf dich an ... ... Jetzt *erlaubst* du dir, auszuruhen ... ... Jetzt *gestattest* du dir selbst, gelassen zu sein ... ... Du stellst dich selbst ganz in den Mittelpunkt deiner Achtsamkeit ... ... Du bist dir jetzt der wichtigste Mensch in deinem Leben ... ... Du erlaubst dir selbst, jetzt zur Ruhe zu kommen ... ... Du gestattest dir tiefe innere Ruhe und eine gelassene Haltung und Einstellung zu deiner Arbeit ... ... Dieser Gedanke erfüllt dich ganz und gar ... ... der Gedanke, dir selbst zu erlauben, dich ganz um dich selbst zu kümmern und damit auch ganz um echte Balance ... ... Wirklich bemerkenswert, wie sehr es dir gelingt, genau diesen Gedanken ganz und gar in deinem tiefsten Innern auszubreiten ... ... diesem Gedanken an dich selbst Raum in deinem tiefen Gefühl zu geben ... ... diesem Gedanken an dich selbst Raum in deinen Leben zu geben ... ...

Verhaltensausrichtung

+++ Variante 1: Arbeitssucht, allgemein +++

… … Genau so ist es richtig … … Du machst es richtig … … denn du wolltest schon immer entspannter und gelassener sein und weniger arbeiten … … Du weißt heute, dass es dir hilft, dich aktiv mit deinem Verhalten auseinanderzusetzen … … dich aktiv darauf einzustellen, deinen Anspruch und deine Vorgehensweise zu ändern … … Arbeitszwang loszulassen und tatsächlich auch einmal abschalten zu können … … von Arbeit zu Freizeit zu wechseln, ganz selbstverständlich Arbeit zu unterbrechen oder zu beenden … … Du gestattest dir selbst, auch einmal Pause zu machen und Arbeit einfach liegen zu lassen … … Du erlaubst dir selbst, ein Leben außerhalb der Arbeit zu haben … … Heute erlaubst du es … … Du akzeptierst, dass niemand immer arbeiten kann und niemand ständig arbeiten muss, auch du nicht … … Alles andere kann warten, jetzt kommt es auf deine Befreiung an … … nur auf deine Befreiung von Arbeitssucht und Arbeitszwang … … Du kannst dich selbst befreien und das machst du jetzt … … wirklich erstaunlich, wie schnell du diesen Gedanken der Selbstbefreiung in deinem Inneren umgesetzt hast … … wirklich erstaunlich, wie schnell dein tiefes Inneres diese Botschaft verstanden hat … … loslassen … … endlich loslassen … …

+++ Ende Variante 1 +++

+++ Variante 2: Perfektionistische Zielverbissenheit im Beruf +++

… … Genau so ist es richtig … … Du machst es richtig … … denn du wolltest schon immer entspannter und gelassener sein … … Du weißt heute, dass es dir hilft, dich aktiv mit deinem Verhalten auseinanderzusetzen … … dich aktiv darauf einzustellen, deinen Anspruch und deine Vorgehensweise zu ändern … … Perfektionismus loszulassen und tatsächlich auch einmal abschalten zu können … … von Arbeit zu Freizeit zu wechseln, ganz selbstverständlich Arbeit zu unterbrechen oder zu beenden … … Du gestattest dir selbst, auch einmal Fehler zu machen und kleine Mängel in Kauf zu nehmen … … Du erlaubst dir selbst, unperfekt zu sein … … Heute erlaubst du es … … Du akzeptierst, dass niemand perfekt sein kann und niemand perfekt sein muss, auch du nicht … … Alles andere kann warten, jetzt kommt es auf deine Selbstakzeptanz an … … nur auf deine Selbstakzeptanz … … Du kannst dich selbst annehmen, auch und gerade das Nicht-Perfekte … … wirklich erstaunlich, wie schnell du diesen Gedanken des Selbstannehmens in deinem Inneren umgesetzt hast … … wirklich erstaunlich, wie schnell dein tiefes Inneres diese Botschaft verstanden hat … … diese Aufforderung … … diese Anweisung, endlich nur du selbst zu sein … … nur du selbst … … .

+++ Ende Variante 2 +++

Zusammenfassung und Ausblick

... ... Du hast dein Ziel heute angepackt, hast dich wieder ganz ein ausgeglichenes Verhältnis zwischen Arbeit und Freizeit eingestellt ... ... und das war leichter als gedacht, denn es sind die Gedanken, die alles entscheiden ... ... und du hast einen neuen Gedanken dazu, einen Gedanken, der nun der allerwichtigste geworden ist ... ... Dein Gedanke lautet ... ... *Ich erlaube meinem Körper und mir selbst, jetzt Entspannung und Gelassenheit zu finden und jetzt den Perfektionismus entspannt loszulassen* ... ... Du prägst dir diesen Satz ein, der zum Grundsatz deines neuen Lebens wird ... ... *Ich erlaube meinem Körper und mir selbst, jetzt Entspannung und Gelassenheit zu finden und jetzt den Perfektionismus entspannt loszulassen* ... ... Und jeden Tag erinnerst du dich selbst an diese Erlaubnis, die du dir erteilt hast ... ... an dieses Versprechen, das du dir gegeben hast ... ... *Ich erlaube meinem Körper und mir selbst, jetzt Entspannung und Gelassenheit zu finden und jetzt den Perfektionismus entspannt loszulassen* ... ... Jeden Morgen, wenn du aufstehst, sagst du diesen Satz ... ... *Ich erlaube meinem Körper und mir selbst, jetzt Entspannung und Gelassenheit zu finden und jetzt den Perfektionismus entspannt loszulassen* ... ... und sofort stellst du dich ganz darauf ein, genau das zu erfüllen ... ... loslassen und frei sein ... ... wirklich loslassen und wirklich frei sein ... ...

HAUPTTEIL 6
Klassische Suggestionshypnose, Ich-Form

Der folgende Hypnosetext gehört zu den klassischen Hypnosen, die im Hauptteil (Anwendungsteil, Therapieteil) vor allem mit direkten Suggestionen arbeiten. Hierbei kommt es auf Formulierungen an, die eine konstruktive Grundhaltung fördern und die innere Ausrichtung auf das Therapieziel bestätigen. Bei klassischen Suggestionen kommen verschiedene Regeln und Vorgehensweisen zum Einsatz, die sich abwechseln oder miteinander kombiniert werden. Ausführliche Erläuterungen zu den zehn wichtigsten Suggestionsregeln mit Beispielen finden Sie in meinem Buch „Suggestionen richtig formulieren" (ISBN 978-3837095197).

Zielformulierung und Willensstärkung

… … Ich habe etwas Wichtiges erkannt … … Ich habe erkannt, dass ich arbeitssüchtig bin und genau das will ich ändern, denn diese Sucht, dieser Zwang zu arbeiten, schadet mir … … Ich nehme die Herausforderung an … … Ich nehme die Herausforderung des Loslassens wirklich an, denn ich bin bereit, weniger zu arbeiten und zufriedener zu leben … … Ja, ich stelle mich wieder ganz auf ein ausgeglichenes Leben mit einem gesunden Wechsel von Arbeit und Freizeit ein … … so gut es geht … … soweit ich das schaffe … … Ich weiß inzwischen, dass fast immer mehr möglich ist als das, was ich auf den ersten Blick sehe … … Ich weiß, dass ich diese Arbeitssucht stoppen kann … … Und ich bin froh darüber, dass ich mich so gut und so intensiv auf einen neuen Arbeits- und Lebensrhythmus einstellen kann … … Genau das ist der Weg, der mich wieder auf die Seite des zufriedenen Lebens bringt … … Ja, ich beende die Arbeitssucht … …

Gedankenausrichtung

… … Ich weiß, dass Gedanken und Gefühle zusammenhängen … … und jeder konstruktive und neue Gedanke erschafft befreiende und konstruktive Gefühle … … und jedes gute und bewusste Gefühl hilft mir, konstruktive Wege zu gehen … … und das ist es, was ich will … … einen neuen und bewussten Weg gehen … … eine neue Grundhaltung zu meiner Arbeit einnehmen … … professionell und mit Übersicht … … Ich will mich also mit all meinen Gedanken bewusst auf eine gesunde Arbeitshaltung einstellen … … Ich weiß, dass ich dafür einige Herausforderungen annehmen und bewältigen muss … … und ich vertraue darauf, dass ich das schaffe … … Ich weiß sogar, dass ich das schaffe … … Ich kann loslassen … … Ich kann und ich werde Arbeit von meinem Privatleben trennen … … weil ich das so will … … weil ich entschieden habe, alle Zwänge und auch den Perfektionismus abzulegen … … Jetzt, in diesem Zustand der Ruhe und Entspannung, spüre ich meinen ehrlichen und intensiven Wunsch, zu leben und das bedeutet, die Sucht zu beenden … … Das bedeutet, die Arbeitssucht ein für allemal zu beenden … … Das ist mein Wunsch nach Leben und Freiheit … … Das ist mein Ziel … … und es gelingt mir einfach es ganz hervorragend, diesen Wunsch so ehrlich und mit solcher Überzeugung zu fühlen, dass mein Organismus sich ganz deutlich darauf einstellt, jetzt alle Energie und Kraft zu sammeln, um loszulassen … … Ich fühle das … … Ich fühle das Leben … … Ich fühle mein Leben … …

Somatische Ausrichtung

… … Ich blicke tief nach innen … … Ich erkenne dort die Veränderung jetzt schon und ich spüre ein neues Körpergefühl … … Ich spüre die Ruhe und Entspannung der Trance, doch in dieser Ruhe spüre ich noch mehr … … Sie ist wie ein Signal dafür, dass ich auch ruhiger und gelassener mit meinem Beruf umgehen kann … … Jetzt und immer wieder … … Diese neue Gelassenheit liegt in meinem Gefühl und mein Körper drückt dieses tiefe Gefühl aus … … Ich spüre meine Gefühle genau, wenn ich mich auf meinen Körper konzentriere … … Mein Körper ist entspannt und ich bin innerlich ruhig … … Mein Körper ruht stabil und ich bin innerlich stabil und standhaft … … Ich lasse den Zwang des Arbeitens los … … Ich lasse den Perfektionismus los … … Ich erlaube mir Freizeit und Freizeitaktivität … … Ich will das so … … Ich will frei sein und leben … … Ja, ich will frei sein und leben … … Ich sage also deutlich … … *Ja, ich überwinde die Arbeitssucht heute schon* … …

Emotionale Ausrichtung

… … Ich bleibe dran, denn ich will wirklich loslassen … … Ich kenne das Lohnenswerte des Arbeitens und auch die Schattenseiten … … Ich will den Kampf um Erfolg und Karriere beenden, denn der Sinn des Lebens ist das Leben selbst … … Ich will mich also ganz auf das Leben einlassen und das geht nur, wenn ich mich ganz auf mich selbst einlasse … … wenn ich mich meinen Bedürfnissen und Wünschen auch abseits der Arbeit stelle … … wenn ich meine Gefühle wahrnehmen und annehmen kann … … und ich kann meine Gefühle sehr gut wahrnehmen … … Ich kann es jetzt … … in der Ruhe der Trance … … und ich kann es jederzeit … … Meine Gefühle wahrzunehmen bedeutet, mich selbst wahrzunehmen … … Meine Gefühle anzunehmen bedeutet, mich selbst anzunehmen … … Ich nehme meine Gefühle wahr, also nehme ich mich selbst wahr … … Ich lasse meine Gefühle zu, also lasse ich mich selbst zu … … Ich nehme meine Gefühle an, also nehme ich mich selbst an … … Ich nehme mich selbst an, also lasse ich alles Zwanghafte los, auch und vor allem den Arbeitszwang … … Ich freue mich darüber, wie gut es mir doch gelingt, meine Gefühle und damit mich selbst anzunehmen … … und deshalb freue ich mich auch darüber, dass ich den Zwang zu arbeiten tatsächlich loslassen kann und auch den zwang, immer alles perfekt zu erledigen loslasse … …

Verhaltensausrichtung

+++ Variante 1: Arbeitssucht, allgemein +++

… … Ich bin auf dem richtigen Weg, das weiß ich … … Ich bin mir sicher, dass ich auf dem richtigen Weg aus der Arbeitssucht heraus bin … … und das will und werde ich jeden Tag bewusst erleben … … Ich wende mich den Gedanken des Loslassens und des Zulassens zu … … den Ideen und Plänen, die ich abseits der Arbeit habe und allen Ideen und Plänen außerhalb der Arbeit, die ich jeden Tag neu entdecke … … Ich sage jeden Tag bewusst und aktiv *Ja* zu meinem Leben außerhalb der Arbeit … … Ich nehme die Herausforderung an, weil ich weiß, dass ich mich von der Arbeitssucht wirklich befreien kann … … Ja, ich kann die Arbeit verändern … … Ja, ich kann loslassen … … Ich lasse los … … Ich lasse alles Zwanghafte los … … also lasse ich den Zwang des Arbeitens los … … Ich lasse jede Sucht los … … Also lasse ich die Arbeitssucht los … … Ich kann auch außerhalb der Arbeit glücklich und zufrieden sein … … Also lasse ich auch Freizeit zu … … Also kann und will ich am Abend auch abschalten … … Ich lasse los … … Ich lasse wirklich los … …

+++ Ende Variante 1 +++

+++ Variante 2: Perfektionistische Zielverbissenheit im Beruf +++

… … Ich bin auf dem richtigen Weg, das weiß ich … … Ich bin mir sicher, dass ich auf dem richtigen Weg aus der Verbissenheit heraus bin … … und das will und werde ich jeden Tag bewusst erleben … … Ich wende mich den Gedanken des Loslassens und des Zulassens zu … … Ich kann und ich werde meine Arbeit ruhiger und gelassener angehen, weil ich weiß, dass dieser Perfektionismus mir nur schadet … … weil ich weiß, dass Verbissenheit mit nur schadet und mich niemals schneller ans Ziel bringt … … Mit Ruhe und Übersicht zum Erfolg, das ist mein Ziel und dieses Ziel erreiche ich ganz zwanglos und wie von selbst … … Ich sage jeden Tag bewusst und aktiv *Ja* zu Gelassenheit und Vertrauen … … Ich nehme die Herausforderung an, weil ich weiß, dass ich mich von Verbissenheit und Perfektionismus wirklich befreien kann … … Ja, ich kann alles verändern … … Ja, ich kann die Verbissenheit loslassen … … Ich lasse die Verbissenheit los … … Ich lasse alles Perfektionistische los … … also lasse ich auch den Zwang des Perfekten los … … Ich lasse Fehler zu … … Ich lasse Mängel zu … … Ich kann auch mit Fehlern und Mängeln glücklich und zufrieden sein … … Also lasse ich auch das Nicht-Perfekte zu … … Also kann und will ich einfach mal Mensch sein … … Ich lasse das zu … … Ich lasse es zu, Mensch zu sein … …

+++ Ende Variante 2 +++

Zusammenfassung und Ausblick

… … Ich kenne meinen Weg und ich nehme ihn an … … Ich nehme den Weg des Loslassens an … … Ich lasse alles Zwanghafte und alles Perfektionistische los … … Ich lasse alles Verbissene und alles Getriebene los … … Ich habe bereits losgelassen, hier und heute… … Dieser Schritt war leichter als ich dachte, denn es sind meine Gedanken, die alles entscheiden … … und meine Gedanken sind bewusste Gedanken … … Ich spüre, dass alles Zwanghafte und alles Verbissene sich wirklich löst … … Es ist eine innere Verarbeitung und Befreiung, die ich mehr und mehr spüre … … deshalb bin ich zuversichtlich und ich freue mich, dass ich die Arbeitssucht heute in Trance überwunden habe und auch in meinem Alltag überwinden werde … … jeden Tag ein Stück mehr … … Da bin ich mir sicher … … Ich will frei sein … … Ich kann frei sein … … Ich bin frei … …

HAUPTTEIL 7

Kausale Suggestion, Du-Form

Kausa bedeutet Ursache bzw. Grund. Es geht also um Begründungen, die meist mit „weil" oder „denn" eingeleitet werden. Die suggestive Begründung von erwünschten Einstellungen, Denkweisen und daraus resultierenden Handlungen unterstreicht die Sinnhaftigkeit und Notwendigkeit der geplanten Veränderung. Kausale Suggestionen festigen also Entscheidungen und Standpunkte und werden daher am häufigsten für Motivationsaufbau und Stabilisierung eingesetzt. Auf den ersten Blick wirkt eine solche Hypnose oft etwas zu direkt oder gar oberflächlich. Doch mit der entsprechenden Überzeugungskraft in der Stimme vorgetragen, wird sie sehr leicht zu einer engagierten Argumentation oder zu einem motivierten Eintreten für die Machbarkeit des Fortschrittes und der Erreichbarkeit der Ziele. Oft wird in Hypnoseausbildungen betont, dass die Überzeugung des Klienten und sein Glaube an die Wirksamkeit das alles Entscheidende wären. Ja, der Glaube versetzt Berge. Doch meine Seminarteilnehmer/innen wissen es besser: Die Überzeugtheit des Therapeuten ist der eigentlich limitierende Faktor. Kurz gesagt: Wenn der Klient von der Wirksamkeit der Hypnose überzeugt ist, ist das sehr hilfreich. Doch wenn der Therapeut oder Hypnotiseur von der Wirksamkeit seiner Hypnose überzeugt ist, ist (fast) alles möglich!

Zielformulierung und Willensstärkung

… … Dir ist vollkommen klar, dass es nun an der Zeit ist, die Arbeitssucht und den Perfektionismus loszulassen … … und auf diesem Wege auch dich selbst zu überwinden … … Du willst und du kannst genau das jetzt schaffen … … Jetzt geht das … … Jetzt gelingt es dir, die Arbeitssucht loszulassen … … oder besser gesagt, abzuschaffen … … denn in der heutigen Trance kannst du deinem Unterbewusstsein die Führung überlassen … … Das geht in Trance viel leichter als im Alltag … … und in Trance kann dein Unterbewusstsein viel mehr helfen … … viel mehr bewirken und genau das tut es jetzt … … für dich … … Dein Unterbewusstsein kann und will dir helfen … … und jetzt kann es das auch, weil du dich auf die Trance eingelassen hast … … und damit hast du dich darauf eingelassen, dass dein Unterbewusstsein die Arbeitssucht aufgibt und neue Gelassenheit und Balance aufbaut … … Tief innen ist das leicht, denn viele Ziele liegen nur in deinem Verstand … … dein Unterbewusstsein ist viel stärker und viel entschlossener und es hat einen absoluten Willen, die Arbeitssucht zu beenden … … Doch wenn es der Wille deines Unterbewusstseins ist, dann ist es ja *dein Wille* … … *Du* bist also entschlossener und hartnäckiger als du selbst dachtest … … Es kommt darauf an, die gleiche Grundhaltung einzunehmen wie dein Unterbewusstsein und genau das ist jetzt auch sehr einfach, denn du bist genauso entschlossen wie dein Unterbewusstsein … …

Emotionale und gesundheitliche Vorteile

… … Du stellst dich genau wie dein Unterbewusstsein darauf ein, die Sucht zu überwinden … … denn du willst wieder eins sein mit dir … … Du musst das nur wollen … … Oftmals wünschen wir uns Veränderung aber wollen es dann doch nicht so recht … … häufig sogar ohne es zu bemerken … … Wir bilden uns ein, dass wir alles ändern wollen, endlich etwas beenden wollen, doch haben dann Angst zu scheitern … … Meistens ist dieser Gedanke eher still und nicht direkt bewusst … … Doch du hast einen ganz bewussten und echten Gedanken heute … … Du hast einen ganz bewussten und ehrlichen Gedanken heute … … denn du willst die Arbeitssucht stoppen … … Du willst den Perfektionismus beenden und dich frei fühlen … … Du willst frei leben … … Du willst eins sein mit dir … … eins sein mit deinem Unterbewusstsein, das schon darauf wartet … … Du darfst also von deinem Unterbewusstsein die größtmögliche Unterstützung fordern … … Du darfst das, denn du kannst nicht zu viel verlangen … … Du kannst von deinem Unterbewusstsein alles verlangen und dir alles wünschen … … Das kann niemals zuviel sein … … Das ist nicht möglich … … denn dein Unterbewusstsein ist für dich da … … und vor allem … … Es will dir helfen, will mit dir gemeinsam die Arbeitssucht beenden … … Im Alltag konnten dich Perfektionismus und Erfolgsverbissenheit antreiben … … In Trance bist du näher bei dir selbst … … In Trance bist du näher bei deinen Gefühlen … … und du kannst alles erreichen, was du willst … … Du kannst und du wirst die Sucht stoppen … … Du kannst und du wirst gelassen und locker mit deiner Arbeit umgehen und dennoch erfolgreich sein … … oder besser gesagt, gerade deshalb erfolgreich sein … …

Neubewertung der Vergangenheit und Entschluss in der Gegenwart
… … Du kannst wahrscheinlich selbst nicht sagen, warum du Gelassenheit beim Arbeiten so lange nicht mehr spüren konntest … … warum du immer wieder so verbissen und hartnäckig gearbeitet hast, den Erfolg so verbissen gesucht hast … … und du hast dich oft gefragt, warum deine Lockerheit nicht schon längst wieder zurückkehren konnte … … Du erkennst heute, dass das entspanntes Arbeiten immer dann selbstverständlich war, wenn du auf dein Bauchgefühl gehört hast … … Das machst du heute wieder … … Du hörst auf dein Bauchgefühl … …

+++ Variante 1: Arbeitssucht, allgemein +++
… … Du spürst in deinem Bauch jetzt Ruhe und Ausgeglichenheit … … jetzt … … Du spürst in deinem Bauch … … Entspannung und Loslassen … … jetzt … … Du spürst in deinem Bauch deinen eigenen Willen, endlich alles Zwanghafte und alles Perfekte loszulassen … … Du spürst deinen Freiheitsdrang … … Man sagt, in der Ruhe liegt die Kraft, doch heute sagen

wir in der Ruhe liegt das Befreiende … … Du kannst diese Ruhe nutzen und du kannst selbst entscheiden … … Du fühlst dich wieder wohl in deinem Bauchgefühl der Ruhe … … denn das ist die Haltung deines tiefen Innern … … denn eine gelassene und souveräne Haltung entspricht deinem Bauchgefühl, deinem Gefühl zu dir selbst … … Und du wirst stärker und stärker … … selbstbewusster und selbstbewusster … … weil du dein Bauchgefühl sehr gut spüren kannst … … weil du auch außerhalb der Arbeit zufrieden und glücklich sein kannst … … Du spürst es in deinem Bauchgefühl … … *Jetzt* … …

+++ Ende Variante 1 +++

+++ Variante 2: Perfektionistische Zielverbissenheit im Beruf +++

… … Du spürst in deinem Bauch jetzt Ruhe und Ausgeglichenheit … … jetzt … … Du spürst in deinem Bauch … … Entspannung und Loslassen … … jetzt … … Du spürst in deinem Bauch deinen eigenen Willen, endlich Verbissenheit und Erfolgsdruck loszulassen … … Du spürst deinen Freiheitsdrang … … Man sagt, in der Ruhe liegt die Kraft, doch heute sagen wir in der Ruhe liegt das Ende der Verbissenheit … … Du kannst diese Ruhe nutzen und du kannst selbst entscheiden … … Du fühlst dich wieder wohl in deinem Bauchgefühl der Ruhe … … denn das ist die Haltung deines tiefen Innern … … denn der Wunsch des Loslassens und Zulassens entspricht deinem Bauchgefühl, deinem Gefühl zu dir selbst … … Du willst und du kannst Verbissenheit und Erfolgszwänge loslassen ... ... Du kannst und du willst, Gelassenheit zulassen, auch und gerade bei eigenen Fehlern und Nachlässigkeiten ... ... Und du wirst stärker und stärker ... ... selbstbewusster und selbstbewusster ... ... *Jetzt* ... ...

+++ Ende Variante 2 +++

Stabilisierung und Ausblick

... ... Du hast etwas erreicht ... ... Du hast dein Bauchgefühl genutzt, hast mit deinem Unterbewusstsein zusammengearbeitet und du setzt diese schöne und gelassene Arbeit fort ... ... denn auch in deinem wachen Alltag willst du entspannt und mit Übersicht arbeiten ... ... Du bist auch und vor allem ohne Perfektionismus viel erfolgreicher ... ... und Zweifel braucht nur derjenige, der unsicher ist, doch das bist du ganz und gar nicht ... ... Du bist sicher, dass du mit Ruhe und Übersicht und mit Gelassenheit viel erfolgreicher arbeitest ... ... Du bist entschlossen und selbstbewusst ... ... Du lässt alles Zwanghafte ein für allemal los ... ... Und all das machst du ganz selbstverständlich ... ... Du darfst in Ruhe arbeiten ... ... Du willst in Ruhe arbeiten ... ... Du darfst das und du kannst das ... ... und du machst es so ... ...

HAUPTTEIL 8

Kausale Suggestion, Ich-Form

Kausa bedeutet Ursache bzw. Grund. Es geht also um Begründungen, die meist mit „weil" oder „denn" eingeleitet werden. Die suggestive Begründung von erwünschten Einstellungen, Denkweisen und daraus resultierenden Handlungen unterstreicht die Sinnhaftigkeit und Notwendigkeit der geplanten Veränderung. Kausale Suggestionen festigen also Entscheidungen und Standpunkte und werden daher am häufigsten für Motivationsaufbau und Stabilisierung eingesetzt. Auf den ersten Blick wirkt eine solche Hypnose oft etwas zu direkt oder gar oberflächlich. Doch mit der entsprechenden Überzeugungskraft in der Stimme vorgetragen, wird sie sehr leicht zu einer engagierten Argumentation oder zu einem motivierten Eintreten für die Machbarkeit des Fortschrittes und der Erreichbarkeit der Ziele. Oft wird in Hypnoseausbildungen betont, dass die Überzeugung des Klienten und sein Glaube an die Wirksamkeit das alles Entscheidende wären. Ja, der Glaube versetzt Berge. Doch meine Seminarteilnehmer/innen wissen es besser: Die Überzeugtheit des Therapeuten ist der eigentlich limitierende Faktor. Kurz gesagt: Wenn der Klient von der Wirksamkeit der Hypnose überzeugt ist, ist das sehr hilfreich. Doch wenn der Therapeut oder Hypnotiseur von der Wirksamkeit seiner Hypnose überzeugt ist, ist (fast) alles möglich!

Zielformulierung und Willensstärkung

… … Ich weiß, was ich zu tun habe … … Ich will und ich kann die Arbeitssucht loslassen … … und so wieder zu mir selbst zurückfinden … … und zu einem zufriedenen und ausgeglichenen Leben zurück finden … … denn genau das ist mein Ziel und meine Absicht … … Jetzt geht das … … Jetzt gelingt es mir, die Arbeitssucht loszulassen … … Ich kann sie loslassen, weil ich neue Gefühle entdecken kann und weil ich sogar neue Gefühle erschaffen kann … … Hierzu nutze ich die heutige Trance, denn ich weiß, dass im Zustand einer angenehmen und entspannenden Trance viel mehr möglich ist als mit dem Willen alleine … … Doch auch der Wille kann sehr viel bewirken, wenn er stark und stabil ist … … Ich habe den starken Willen, mein Arbeitsleben neu zu organisieren … … und deshalb gelingt es mir auch … … deshalb bin ich hier … … Ich lasse mich also bewusst und aktiv und aus freiem Willen auf diese Hypnose ein, auf diese angenehme Trance … … und damit lasse ich mich auch bewusst und aus freiem Willen auf Gelassenheit ein … …

Emotionale und gesundheitliche Vorteile

… … Ich weiß, dass mein Unterbewusstsein mir hilft und deshalb gehe ich mit meinem Unterbewusstsein Hand in Hand in eine neue Arbeitskultur … … Ich will zufrieden arbeiten und leben, ohne Erfolgsdruck und Leistungsstress und deshalb nutze ich diese Chance hier und heute ... ... In der Tiefe meines Herzens wollte ich immer gelassener arbeiten ... ... Was ich gesucht habe und immer noch suche, ist Veränderung ... ... ist Normalität ... ... ist Geduld ... ... und ich spüre, dass ich das alles in mir selbst finde ... ... häufig sogar ohne es zu bemerken ... ... Ich wende also meine bewussten Gedanken dem zu, was ich spüren und beeinflussen kann ... ... Ich habe einen wichtigen und bewussten Gedanken ... ... einen ganz bewussten und echten Gedanken ... ... Ich will lockerer werden ... ... Ich will lockerer arbeiten ... ... und das bedeutet, das sich mich wieder voll und ganz auf mich selbst einlasse ... ... auf meine Interessen und Bedürfnisse außerhalb der Arbeit ... ... und auch diese Interessen gehören zu mir ... ... Ich weiß, dass ich davon profitiere, denn wenn ich mich mit diesen Interessen und Bedürfnissen beschäftige und sie zulasse, denn damit sehe ich Arbeit gelassener und entspannter ... ... und genau das will ich wieder voll und ganz tun ... ... Arbeit gelassener sehen und geduldiger sein, vor allem mit mir selbst ... ... Ich kenne die Zweifel und die Unsicherheit ... ... Ich kenne Erfolgsdruck und Perfektionismus ... ... Doch ich weiß jetzt, dass ich diese überwinden kann ... ... Ja, ich kann das, denn ich habe nichts zu beweisen ... ... Arbeit ist nicht alles, ich habe ein interessantes Leben auch außerhalb der Arbeit ... ... In Trance bin ich näher bei mir selbst ... ... In Trance bin ich näher bei meinen Gefühlen ... ... und ich kann alles erreichen, was ich erreichen will … … Ich kann und ich werde daher meine Arbeit und mich selbst neu und anders organisieren … …

Neubewertung der Vergangenheit und Entschluss in der Gegenwart
… … Ich weiß, dass es eine Zeit gab, in der ich mich völlig im Arbeiten und im Perfektionismus verloren hatte, doch diese Zeit ist vorüber … … Den Drang nach Freiheit habe ich im Grunde genommen immer gespürt … … Ich wollte immer schon gelassener und geduldiger mit mir selbst umgehen und Perfektionismus loslassen … … Ich weiß, dass Fehler und Mängel menschlich sind und dass ich auch erfolgreich arbeite, wenn ich mir selbst Fehler erlaube … … Ich will gelassener sein und geduldig mit mir selbst und mich wieder auf mein Bauchgefühl verlassen … …

+++ Variante 1: Arbeitssucht, allgemein +++
… … Ich fühle tief in meinem Bauch Ruhe und Entspannung … … jetzt … … Ich fühle tief in mir … … Freiheit und Leichtigkeit … … jetzt … … Ich fühle tief in mir Selbstrespekt und Geduld … … jetzt … … Ich fühle tief in mir … … mich selbst … … Ich lasse mich auf das Gefühl der Ruhe in meinem Bauch ein und ich weiß, dass es das Gefühl meiner tiefen Emotionen ist … … Ich lasse mich auf diese Trance ein … … Ich lasse mich auf mein tiefes Gefühl ein und

ich fühle … … Gelassenheit … … Ja, ich fühle Gelassenheit … … Und meine Gedanken richten sich wieder auf diese Gelassenheit … … denn das entspricht meinem tiefen Gefühl … … Das entspricht meinem tiefen und echten Gefühl … … und Arbeitssucht vergeht … … Ja, Arbeitssucht löst sich endlich auf und ich bin frei … …

+++ Ende Variante 1 +++

+++ Variante 2: Perfektionistische Zielverbissenheit im Beruf +++

… … Ich fühle tief in meinem Bauch Ruhe und Entspannung … … jetzt … … Ich fühle tief in mir … … Freiheit und Leichtigkeit … … jetzt … … Ich fühle tief in mir Selbstrespekt und Geduld … … jetzt … … Ich fühle, dass Perfektionismus sich auflöst … … jetzt … … Ich lehne das Perfekte ab, denn ich weiß, dass gerade in kleinen Fehlern und Missgeschicken das Menschliche liegt … … und ich bin Mensch und will es bleiben … … Ich lasse mich auf das Gefühl der Ruhe in meinem Bauch ein und ich weiß, dass es das Gefühl meiner tiefen Emotionen ist … … Ich lasse mich auf diese Trance ein … … Ich lasse mich auf mein tiefes Gefühl ein und ich fühle … … Freiheit und Menschlichkeit … … Ja, ich fühle Freiheit und Menschlichkeit … … Und meine Gedanken richten sich wieder auf Freiheit und Menschlichkeit … … denn das entspricht meinem tiefen Gefühl … …

+++ Ende Variante 2 +++

Stabilisierung und Ausblick

... ... Ich habe etwas Gutes erreicht, denn ich stehe wieder zu meiner Menschlichkeit und Fehlbarkeit ... ... Ich habe mein eigenes Gefühl genutzt, um wieder Normalität zu erreichen ... ... Ich habe meine eigene Menschlichkeit genutzt und ich spüre sie mehr denn je ... ... und auch in meinem wachen Alltag will und kann ich locker bleiben und gelassen und locker und gelassen arbeiten ... ... Ich bleibe selbstbewusst und erfolgreich, auch und gerade ohne Perfektionismus und ohne Arbeitssucht ... ... und Zweifel braucht nur derjenige, der unsicher ist, doch das bin ich überhaupt nicht ... ... Ich bin mir ganz sicher, dass ich die Arbeitssucht für immer loslasse ... ... Selbstvertrauen und meine Menschlichkeit helfen mir dabei und genau diese Gefühle spüre ich deutlicher denn je ... ... weil sie immer schon da waren ... ... und deshalb steht es auch wirklich fest ... ... Arbeitssucht geht für immer zu Ende ... ... Perfektionismus löst sich für immer auf ... ... Ich bin frei und ich arbeite und lebe selbstbewusst und gelassen ... ...

HAUPTTEIL 9
Geführte Zustimmung, Du-Form

Bei geführter Zustimmung arbeite ich mit Textblöcken, die aus 5 Aussagen bestehen. Beim ersten Block hört der Klient 4 Aussagen, denen er in hohem Maße (am besten vollkommen) zustimmt. Dann folgt eine Zielsuggestion, die auf die gewünschte Veränderung hinarbeitet. Nachdem er viermal innerlich Ja gesagt hat, neigt der Klient stark dazu, auch die nächste Aussage anzunehmen, die allerdings eine Suggestion ist. Dann folgt ein weitere Durchgang mit 3 geführte Zustimmungen und 2 Zielsuggestionen und zuletzt einer mit 2 geführte Zustimmungen und 3 Zielsuggestionen. Bei dieser Vorgehensweise, die in ihrer Grundform von Milton Erickson entwickelt wurde, geht es darum, eine innere Ja-Haltung beim Klienten zu forcieren, indem er zunächst Aussagen hört, denen er sehr leicht und sicher zustimmen kann, wie oben bereits beschrieben. Mehr und mehr werden solche Aussagen dann von Zielsuggestionen abgelöst, doch in der Routine des häufigen Zustimmens neigt die menschliche Psyche dazu, weitere Aussagen zu erwarten, die ebenso stimmig sind. Das beeinflusst die Interpretation des Gehörten zu Gunsten der Zielsuggestionen. Einfach gesagt genießt der Zuhörer die vielen „richtigen" und kaum konfrontierenden Suggestionen und nimmt daher diejenigen, die er im hellwachen Zustand kritisch prüfen würde, gerne als ebenso richtig an. Geführte Zustimmungen können Aussagen zu Gedanken (kognitiv), Sinneswahrnehmungen (sensorisch), Körperempfindungen (somatisch) oder zu Gefühlen (emotional) sein. Lesen Sie die einzelnen Abschnitte in gleichmäßigem Tempo, ohne Gedankenpausen!

Einleitung des Veränderungsprozesses/Perspektivenwandels

… *[4 Geführte Zustimmungen]* … (1) Du hörst meine Stimme klar und deutlich (2) und gleichzeitig fühlst du die Entspannung deines Körpers, (3) kannst dich jederzeit bewegen und noch bequemer hinlegen, wenn du das so willst, (4) und das ist so einfach, weil du selbst natürlich bestimmen kannst, was geschehen kann und soll … *[1 Zielsuggestion]* … (1) und damit öffnest du dich auch neuen Gedanken und neuer Freiheit … …

… *[3 Geführte Zustimmungen]* … (1) Du kannst vieles in deiner nahen Umgebung auch in Trance mit deinen Sinnen recht gut wahrnehmen, (2) zum Beispiel kannst du Temperatur auf deiner Haut empfinden und einschätzen, ob es kühl oder warm ist, (3) und natürlich funktioniert dein Gehör sehr gut und du verstehst jedes Wort genau … *[2 Zielsuggestionen]* … (1) wobei du mehr und mehr dazu bereit bist, einen neuen Blick einzunehmen, (2) eine neue Perspektive auf deinen Arbeitsrhythmus und dein Erfolgsstreben einzunehmen … …

… *[2 Geführte Zustimmungen]* … (1) Du kannst noch mehr wahrnehmen, etwa mit geschlossenen Augen noch etwas Licht im Raum erfassen, denn mit geschlossenen Augen siehst du noch einen leichten Schein oder farbige Pixel … … (2) und an den Nasenlöchern spürst du die vorbeiströmende Luft beim Atmen, wenn du deine Aufmerksamkeit auf deine Nasenflügel richtest … *[3 Zielsuggestionen]* … … (1) Und ebenso spürst du auch schon, dass du innerlich gelassener wirst, (2) spürst, dass du die Arbeitssucht und den Perfektionismus loslassen kannst, (3) und Verbissenheit und zielloses Erfolgsstreben wirklich beenden kannst … …

Aufbau der neuen Perspektive/Wahrnehmung/Glaubenshaltung

+++ Variante 1: Arbeitssucht, allgemein +++

… *[4 Geführte Zustimmungen]* … (1) Jede Wahrnehmung, die du in Trance in den Blick nimmst, wird deutlich, zum Beispiel meine Stimme, (2) und du selbst kannst natürlich entscheiden, was für dich wichtig ist und was du in den Blick nehmen willst, (3) deine Erfahrung hilft dir, achtsam zu sein und zu erkennen, was wichtig ist und was nicht (4) und wenn du dir sicher bist, dass alles in Ordnung ist, kannst du einfach die Ruhe genießen … *[1 Zielsuggestion]* … (1) und alle Zwänge und Süchte in deinen Gedanken und Gefühlen lösen sich dann auf … …

… *[3 Geführte Zustimmungen]* … (1) Du spürst die Ruhe in deinem ganzen Körper, kannst natürlich alle Vorgänge des Körpers spüren, wenn du darauf achtest, (2) beispielweise kannst du deine Atmung beobachten und verfolgen (3) und die nächsten fünf Atemzüge kannst du auch leicht mitzählen … *{einen Atemzug Pause, damit der Klient innerlich anfängt zu zählen und kurz abgelenkt ist}* … *[2 Zielsuggestionen]* … … (1) und mit jeder Zahl, die du zählst, befreist du dich von Arbeitssucht und sturem Erfolgsstreben, (2) denn du erkennst plötzlich, dass dies immer schon ein Irrweg war … …

62

... *[2 Geführte Zustimmungen]* ... (1) Du spürst deinen Körper und du spürst deine Umgebung (2) Du kannst das Äußere wahrnehmen und auch das Innere, deine Gefühle ... *[3 Zielsuggestionen]* ... (1) und dabei spürst du vor allem das Gefühl der Selbstliebe (2) und das Gefühl, auch außerhalb der Arbeit glücklich und zufrieden zu sein (3) und plötzlich bist du wie entfesselt und bist wirklich frei und freust dich auf zwangloses Arbeiten ...

+++ Ende Variante 1 +++

+++ Variante 2: Perfektionistische Zielverbissenheit im Beruf +++

... *[4 Geführte Zustimmungen]* ... (1) Jede Wahrnehmung, die du in Trance in den Blick nimmst, wird deutlich, zum Beispiel meine Stimme, (2) und du selbst kannst natürlich entscheiden, was für dich wichtig ist und was du in den Blick nehmen willst, (3) deine Erfahrung hilft dir, achtsam zu sein und zu erkennen, was wichtig ist und was nicht (4) und wenn du dir sicher bist, dass alles in Ordnung ist, kannst du einfach die Ruhe genießen ... *[1 Zielsuggestion]* ... (1) und Perfektionismus in deinen Gedanken und Gefühlen löst sich dann auf ... ...

... *[3 Geführte Zustimmungen]* ... (1) Du spürst die Ruhe in deinem ganzen Körper, kannst natürlich alle Vorgänge des Körpers spüren, wenn du darauf achtest, (2) beispielsweise kannst du deine Atmung beobachten und verfolgen (3) und die nächsten fünf Atemzüge kannst du auch leicht mitzählen ... *[einen Atemzug Pause, damit der Klient innerlich anfängt zu zählen und kurz abgelenkt ist} … [2 Zielsuggestionen] … …* (1) und mit jeder Zahl, die du zählst, befreist du dich von Verbissenheit und Perfektionismus, (2) denn du erkennst plötzlich, dass dies immer schon ein Irrweg war … …

… [2 Geführte Zustimmungen] … (1) Du spürst deinen Körper und du spürst deine Umgebung (2) Du kannst das Äußere wahrnehmen und auch das Innere, deine Gefühle … *[3 Zielsuggestionen] …* (1) und dabei spürst du vor allem das Gefühl der Gelassenheit (2) und das Gefühl, auch ohne Perfektionismus glücklich und zufrieden zu sein (3) und plötzlich bist du wie entfesselt und bist wirklich frei und freust dich auf zwangloses Arbeiten …

+++ Ende Variante 2 +++

Stabilisierung und Erfolg des Neuen
… [3 Geführte Zustimmungen] … (1) Jetzt musst du dich nicht anstrengen, (2) und du willst dich jetzt auch nicht anstrengen, (3) und in dieser gelassenen und gemütlichen Entspannung darfst du dich wirklich ausruhen und dich frei fühlen … *[3 Zielsuggestionen] …* (1) und frei bist du auch in deinen Gedanken und Gefühlen (2) frei von allen Zwängen und von aller Verbissenheit (3) und in deiner inneren Freiheit kannst du endlich eine neue Perspektive einnehmen, deinen eigenen Weg gehen … … mit echter Gelassenheit und Souveränität … …

HAUPTTEIL 10
Direkte Suggestion, Ich-Form

Direkte Suggestionen können leicht abgelehnt werden. Doch sie können auch hochwirksam sein, wenn sie richtig eingebettet werden. Es kommt darauf an, Bedingungen zu schaffen, die dazu führen, dass die Suggestionen bereitwillig angenommen werden. Werden direkte Suggestionen als Folgesitzung nach „versteckter Instruktion" gemacht, kommt es vor allem auf die Betonung durch analoge Markierung an. Als Folgesitzung nach „geführter Zustimmungshaltung" (vgl. Hauptteil 9) kommt es auf die Abfolge der Suggestionen an. Wie in Hauptteil 6 werden in jedem Abschnitt einige Suggestionen angeboten, denen der Klient vorbehaltlos zustimmt und dann einige Zielsuggestionen, die die Veränderung einleiten. Nach mehrmaligem Zustimmen besteht die Tendenz, auch den folgenden Suggestionen zuzustimmen. Es gilt das gleiche Prinzip wie zu Hauptteil 6. Optimalerweise machen Sie beide Hypnosen (9, 10) als Folgesitzungen. Das wirkt meiner Erfahrung nach am stärksten. Der vorliegende Hauptteil kann aber auch eigenständig gemacht werden.

Einleitung des Veränderungsprozesses/Perspektivenwandels

… … Ich suche und du finde heute eine neue Perspektive … … Ich war lange blockiert und gefangen … … gefangen in Gedanken und Gefühlen … … bin nicht richtig herausgekommen aus dem Arbeitstrott … … vielleicht waren es Schuldgefühle und ein schlechtes Gewissen, die mich blockiert haben … … vielleicht auch Gewohnheit … … oder es gab einen anderen Grund dafür … … Doch es kommt nicht darauf an, warum es so gekommen ist und warum es sich so angefühlt hat … … Es kommt vielmehr darauf an, positive und konstruktive Gedanken zu erschaffen, die mich besser erkennen lassen, wie ich wirklich bin und was ich wirklich will … … Ich höre also die folgenden Suggestionen und erkenne die Worte, die verlässlich klingen … *[versteckte Erinnerung an die vorherige Sitzung]* … Diese Worte wirken am besten … … *[versteckte Instruktion zu den folgenden Suggestionen]* … … Ich lasse sie gerne zu … …

… Ich höre meine innere Stimme klar und deutlich … *[ca. 5 Sek. Pause]* …

… Ich fühle die Entspannung meines Körpers … *[ca. 5 Sek. Pause]* …

… Ich mache es mir noch bequemer, denn ich will es so … *[ca. 5 Sek. Pause]* …

… Ich selbst kann bestimmen, was geschehen darf … *[ca. 5 Sek. Pause]* …

… Und ich öffne mich neuen Gedanken und neuer Freiheit … *[ca. 5 Sek. Pause]* …

… Meine Sinne funktionieren auch in Trance sehr gut … *[ca. 5 Sek. Pause]* …

… Ich kann zum Beispiel Temperatur empfinden … *[ca. 5 Sek. Pause]* …

… Ich verstehe jedes Wort dieser Hypnose sehr genau … *[ca. 5 Sek. Pause]* …

… Ich verändere heute meine Blickrichtung … *[ca. 5 Sek. Pause]* …

… Ich verändere meinen Arbeitsrhythmus und mein Erfolgsstreben … *[ca. 5 Sek. Pause]* …

… Ich stelle mich darauf ein, loszulassen … *[ca. 5 Sek. Pause]* …

… Auch mit geschlossenen Augen erkenne ich etwas Licht … *[ca. 5 Sek. Pause]* …

… Und ich fühle meinen Atem an den Nasenlöchern … *[ca. 5 Sek. Pause]* …

… Und ich spüre auch, dass ich innerlich gelassener werde … *[ca. 5 Sek. Pause]* …

… Ich kann Arbeitssucht und Perfektionismus beenden … *[ca. 5 Sek. Pause]* …

… Ich bin bereit für das Ende von Verbissenheit und Erfolgskampf … *[ca. 5 Sek. Pause]* …

Aufbau der neuen Perspektive/Wahrnehmung/Glaubenshaltung

+++ Variante 1: Arbeitssucht, allgemein +++

… Ich verfüge über klare und präzise Gedanken … *[ca. 5 Sek. Pause]* …

… Ich selbst entscheide, was für mich wichtig ist … *[ca. 5 Sek. Pause]* …

… Ich weiß aus Erfahrung, dass jetzt nur Ruhe wichtig ist … *[ca. 5 Sek. Pause]* …

… Und in der Ruhe lösen sich alle Zwänge und Süchte auf … *[ca. 5 Sek. Pause]* …

… Ich fühle die innere Ruhe jetzt … *[ca. 5 Sek. Pause]* …

… Ich beobachte jetzt meine Atmung … *[ca. 5 Sek. Pause]* …

… Ich zähle jetzt fünf Atemzüge mit … *{einen Atemzug abwarten}* … *[ca. 5 Sek. Pause]* …

… Und mit jedem Atemzug befreie ich mich von Sucht … *[ca. 5 Sek. Pause]* …

… Ja, ich befreie mich von Arbeitssucht und von sturem Erfolgsstreben … *[ca. 5 Sek. Pause]* …

… Ich spüre meinen Körper und spüre meine Umgebung … *[ca. 5 Sek. Pause]* …

… Ich nehme das Äußere wahr und auch das Innere, meine Gefühle … *[ca. 5 Sek. Pause]* …

… Ich spüre vor allem das Gefühl der Selbstliebe … echte Selbstliebe … *[ca. 5 Sek. Pause]* …

… Ich erkenne, dass ich wirklich zwanglos arbeiten kann … *[ca. 5 Sek. Pause]* …

… Ich spüre meine Befreiung … Jetzt …

+++ Ende Variante 1 +++

+++ Variante 2: Perfektionistische Zielverbissenheit im Beruf +++

… Ich verfüge über klare und präzise Gedanken … *[ca. 5 Sek. Pause]* …

… Ich selbst entscheide, was für mich wichtig ist … *[ca. 5 Sek. Pause]* …

… Ich weiß aus Erfahrung, dass jetzt nur Ruhe wichtig ist … *[ca. 5 Sek. Pause]* …

… Und in der Ruhe löst sich jeder Perfektionismus auf … *[ca. 5 Sek. Pause]* …

… Ich fühle die innere Ruhe jetzt … *[ca. 5 Sek. Pause]* …

… Ich beobachte jetzt meine Atmung … *[ca. 5 Sek. Pause]* …

… Ich zähle jetzt fünf Atemzüge mit … *{einen Atemzug abwarten}* … *[ca. 5 Sek. Pause]* …

… Und mit jedem Atemzug befreie ich mich von sturen Pflichten … *[ca. 5 Sek. Pause]* …

… Ich befreie mich von Perfektionismus und Getriebenheit … *[ca. 5 Sek. Pause]* …

… Ich spüre meinen Körper und spüre meine Umgebung … *[ca. 5 Sek. Pause]* …

… Ich nehme das Äußere wahr und auch das Innere, meine Gefühle … *[ca. 5 Sek. Pause]* …

… Ich spüre vor allem das Gefühl der Selbstliebe … echte Selbstliebe … *[ca. 5 Sek. Pause]* …

… Ich erkenne, dass ich auch Mängel und Fehler annehmen kann … *[ca. 5 Sek. Pause]* …

… Ich spüre vor allem meine Befreiung … Jetzt …

+++ Ende Variante 2 +++

Stabilisierung und Erfolg des Neuen

… Jetzt muss ich mich nicht anstrengen … *[ca. 5 Sek. Pause]* …

… Jetzt darf ich ruhen so tief ich will … *[ca. 5 Sek. Pause]* …

… Ich darf jetzt Ruhe und Entspannung genießen … *[ca. 5 Sek. Pause]* …

… Und ich finde Freiheit meiner Gedanken und Gefühle … *[ca. 5 Sek. Pause]* …

… Ich darf jetzt meinen eigenen freien Weg gehen … *[ca. 5 Sek. Pause]* …

… Arbeitssucht ist zu Ende … *[ca. 5 Sek. Pause]* …

… Erfolgszwang ist zu Ende … *[ca. 5 Sek. Pause]* …

ÜBERGANG

... ... *[Sofern ein Hauptteil in Ich-Form verwendet wurde, bitte mit einem Satz zur Du-Form zurückkehren:* ... ... **Die Stimme, die ich jetzt höre, ist die Stimme meines Therapeuten und alle kommenden Worte wird er für mich sprechen.]** ... *{ca. 5-10 Sekunden Pause}* ... ...

... ... So, das waren große Schritte nach vorne ... ... Meine Stimme führt dich nun bald zurück in den wachen Alltag ... ... Du hast alles verstanden ... ... meine Worte, die deiner Haltung und Überzeugung entsprechen, haben dich tief im Innern erreicht und wirken dort weiter für deine dauerhafte Befreiung ... ... Du kannst dich auf die positive Wirkung aller gehörten und auch aller von dir angenommenen und innerlich mitgesprochenen Worte verlassen ... ...

... ... Stell dich also jetzt darauf ein, den letzten Schritt in dein neues Leben zu gehen, indem du gleich wach wirst ... ... Stell dich jetzt darauf ein, in wenigen Augenblicken wieder wach zu werden ... ...

AUSLEITUNG

… … Jetzt ist es Zeit, wieder wach zu werden … … Ich stelle mich auf vollkommene Wachheit ein … … Ich komme über fünf Schritte zurück und bin bei … *Fünf* … wach und klar … …

… *Eins* … Ich will jetzt wieder wach werden und deshalb werde ich auch wach … …

… *Zwei* … Ich will jetzt wirklich wach werden und deshalb werde ich auch wach … …

… *Drei* … Ich will mich bewegen und wach sein und deshalb werde ich auch wach… …

… *Vier* … Ich will meine Augen öffnen und wach sein und deshalb bin ich wach … …

… *Fünf* … Ich öffne die Augen und bin wach … …

… … Augen auf, *du bist* wach! … … Willkommen zurück! … …

Buchreihen: Zehn Hypnosen / Hypnosetexte für Coaching und Therapie / Zehn Fantasiereisen

Band 1: Raucherentwöhnung

Band 2: Angst und Unruhezustände

Band 3: Burn Out

Band 4: Übergewicht reduzieren

Band 5: Vergangenheitsbewältigung

Band 6: Suizidgedanken und Suizidversuche

Band 7: Psychoonkologie

Band 8: Zwänge und Tics

Band 9: Selbstvertrauen und Entscheidungen

Band 10: Trauerarbeit

Band 11: Psychosomatik

Band 12: Chronische Schmerzen

Band 13: Depressive Gedanken

Band 14: Panikanfälle

Band 15: Häusliche Gewalt, Opferbegleitung

Band 16: Posttraumatischer Stress

Band 17: Prüfungsangst und Lampenfieber

Band 18: Anti-Gewalt-Training, Täterbegleitung

Band 19: Suchttendenzen

Band 20: Soziale Phobie und Kontaktangst

Band 21: Fingernägel kauen

Band 22: Selbstachtsamkeit und Selbstliebe

Band 23: Zähneknirschen und Nachtbeißen

Band 24: Schuldgefühle

Band 25: Angst in Menschenmengen

Band 26: Flugangst, Aviophobie

Band 27: Angst in engen Räumen, Klaustrophobie

Band 28: Tinnitus, Ohrgeräusche

Band 29: Höhenangst

Band 30: Neurodermitis

Band 31: Die innere Mitte finden

Band 32: Einsamkeit überwinden

Band 33: Angst vor Krankheit, Hypochondrie

Band 34: Erwartungsangst, Angst vor der Angst

Band 35: Eifersucht in der Partnerschaft

Band 36: Autofahren und Angst

Band 37: Neustart nach Trennung

Band 38: Angst vor Spritzen

Band 39: Herzangstneurose

Band 40: Groll und Zorn überwinden

Band 41: Blockadenlösung und positives Denken

Band 42: Stressreduzierung, Stressverarbeitung

Band 43: Körperentspannung

Band 44: Tiefenentspannung

Band 45: Angst im Dunkeln

Band 46: Einschlafen und Durchschlafen

Band 47: Kaufsucht

Band 48: Restless Legs, Unruhige Beine

Band 49: Bulimie

Band 50: Anorexie

Band 51: Albträume überwinden

Band 52: Dysmorphophobie, eingebildete Entstellung

Band 53: Misstrauen überwinden, Vertrauen finden

Band 54: Misserfolge verarbeiten

Band 55: Erniedrigung, seelische Kränkung

Band 56: Quälendes Mitleid, Stellvertretendes Leiden

Band 57: Selbstvergebung

Band 58: Ich-Bewusstsein, Selbstbewusstsein

Band 59: Nein sagen

Band 60: Durchsetzungskraft

Band 61: Abgrenzung und Selbstbehauptung

Band 62: Entscheidungskraft

Band 63: Erfolgsausrichtung

Band 64: Grübeln, Gedankenkreisen

Band 65: Schwangerschaft annehmen

Band 66: Geburtsvorbereitung

Band 67: Spirituelle Öffnung

Band 68: Lebensfreude und innere Leichtigkeit

Band 69: Geduld und innere Ruhe

Band 70: Fibromyalgie und Rheuma

Band 71: Reizdarmsyndrom, Morbus Crohn

Band 72: Angst vor Übelkeit, Emetophobie

Band 73: Stottern und Poltern, Redeflussstörungen

Band 74: Konzentration und Wissensverankerung

Band 75: Vitalität und Spontaneität

Band 76: Sinnsuche und Zielfindung

Band 77: Lebenskrisen, Life events

Band 78: Workaholic, Zielverbissenheit

Band 79: Helfersyndrom, hilflose Helfer

Band 80: Medikamentenmissbrauch

Band 81: Spielleidenschaft, Spielsucht

Band 82: Internetsucht, Smartphonesucht

Band 125: Tourette-Syndrom

Band 126: Lebensumbrüche und Neustart

Band 127: Leben im Rollstuhl annehmen

Band 128: Heimweh verstehen und überwinden

Band 129: Fernweh verstehen und überwinden

Band 130: Drehschwindel, Morbus Menière

Band 131: Aggression überwinden

Band 132: Ritzen und Selbstverletzungen

Band 133: Haareausreißen, Trichotillomanie

Band 134: Wochenbettdepression

Band 135: Für Angehörige Demenzkranker

Band 136: Supervision für helfende Berufe

Band 137: Supervision für Hospizberufe

Band 138: Rückfallvorbeugung Depression

Band 139: Reaktive Psychosen, Nachlese

Band 140: Zwangsgedanken und Zwangsimpulse

Band 141: Kontrollzwang

Band 142: Zählzwang, Symmetriezwang

Band 143: Waschzwang, Reinheitszwang

Band 144: Zwanghaftes Nachfragen

Band 145: Dissoziative Lähmungen

Band 146: Phantomschmerzen

Band 147: Sterbebegleitung

Band 148: Arbeit mit Eltern von Sternenkindern

Band 149: Sexueller Missbrauch, Opferbegleitung

Band 150: Stark sein gegen Sexismus, #metoo

Band 151: Essattacken, Binge Eating

Band 152: Rachegedanken überwinden

Band 153: Lösen vom Angreifer, Stockholm Syndrom

Band 154: Mut zur Trennung

Band 155: Chronische Müdigkeit, Erschöpfung

Band 156: Zukunftsangst, Existenzangst

Band 157: Übertrieben Sorgen um Kinder

Band 158: Versagensangst

Band 159: Misstrauen und Kontrollieren beenden

Band 160: Niedergeschlagenheit, Dysphorie

Band 161: Boreout, chronische Langeweile

Band 162: Bipolare Störungen, Rückfallvorbeugung

Band 163: Manie, Rückfallvorbeugung

Band 164: Nihilismus, Gefühle der Wertlosigkeit

Band 165: Daumenlutschen

Band 166: Mutig sein

Band 167: Stolz sein

Band 168: Schüchternheit überwinden

Band 169: Verantwortung abgeben können

Band 170: Gefühle zeigen können

Band 171: Schuldgefühle loslassen, Opferbegleitung

Band 172: Schuldgefühle verarbeiten, Täterbegleitung

Band 173: Stimmungsschwankungen, Zyklothymia

Band 174: Antriebsmangel, Vitale Traurigkeit

Band 175: Stimmen hören mit Realitätsbezug

Band 176: Selbstbewusste Kommunikation

Band 177: Zu sich selbst stehen

Band 178: Neue Wege gehen

Band 179: Selbstbewusste Bewerbung

Band 180: Nicht mehr ausnutzen lassen

Band 181: Ende der Unterwürfigkeit

Band 182: Depressive Gefühllosigkeit

Band 183: Stimmungseinbrüche, Affektinkontinenz

Band 184: Stimmungslabilität

Band 185: Somatoforme Störungen

Band 186: Magengeschwür, psychosomatisch

Band 187: Amputation annehmen

Band 188: Hass überwinden und loslassen

Band 189: Anklagen beenden

Band 190: Tränen zulassen, Weinen können

Band 191: Verdrängte Gefühle finden und sortieren

Band 192: Somatoforme Schmerzen

Band 193: Selbstbestimmt leben

Band 194: Anhedonie, Freudlosigkeit

Band 195: Anhaltende Traurigkeit

Band 196: Adipositas, Ess-Sucht

Band 197: Eltern von missbrauchten Kindern

Band 198: Loslassen und Seinlassen

Band 199: Sexueller Missbrauch in der Kindheit

Band 200: Verlustangst

... Weitere folgen ...

Alle Bücher des Autors im Überblick auf

www.ingosimon.com

Printed in Great Britain
by Amazon

Buses, Coaches, Trams, Trol
& Recollections 1956
Michael H. C. Baker

First published in 2019

British Library Cataloguing in Publication Data

A catalogue record for this book is available from the British Library.

ISBN 978 1 85794 528 7

Silver Link Publishing Ltd
The Trundle
Ringstead Road
Great Addington
Kettering
Northants NN14 4BW

Tel/Fax: 01536 330588
email: sales@nostalgiacollection.com
Website: www.nostalgiacollection.com

Printed and bound in the Czech Republic

Title page **EASTBOURNE** is one of the leafiest seaside towns I know, particularly to the west near the Downs, which is where an early post-war AEC Regent with an East Lancashire body is taking a sharp right-hand turn.

Contents

Above: A party about to set off on an excursion in a 1948-vintage Midland Red C1 coach, complete with white-coated driver. It could be a Women's Institute outing, but three gents seem to have insinuated themselves into the group.

Left: **BIRMINGHAM** Waiting for a trolleybus.

Introduction

1956 was an interesting year for me personally, for on 16 January Her Majesty decided that the RAF needed me, so I became Aircraftsman 2nd Class Baker, and for the next two years I could be seen in my natty blue/grey uniform in various parts of the United Kingdom – never abroad, although I might well have been drafted to all sorts of foreign parts, in which case this book might have been full of pictures of all manner of exotic makes of bus; however, come to think of it, many national serviceman found themselves in parts of the world where British-built vehicles, Leyland, AECs and Guys in particular, were commonplace. By the time of my discharge my uniform was adorned by a three-propeller badge, which indicated that – no, not that I was qualified to fly aeroplanes with three propellers – but was a Senior Aircraftsman, roughly the equivalent of an Army lance corporal.

My particular skill (I use the word loosely) was as a typist, and as such I was in charge of an Imperial. I suppose I might have inserted this fact in a chat-up line with a member of the opposite sex, implying that it was a high-powered aircraft, but I never did. My first week was spent at Cardington in Bedfordshire, learning the ways of the RAF, getting kitted out and learning to march, in

LIVERPOOL as I remember it in 1956. The Three Graces – the Cunard Building, the Mersey Docks & Harbour Board headquarters, and the Royal Liver Building – provided a magnificent backdrop to all the arrivals and departures that took place every day, from no further than the Wirral or from over the sea from the Isle of Man, Ireland, the USA and Canada – indeed, just about anywhere on the planet. In front of the Three Graces a multitude of tram and bus routes from all over the city and beyond terminated. Now recognised by UNESCO as a World Heritage Site, in this picture are four of Liverpool's finest and most modern trams, 'Green Goddesses', or 'Liners', of the late 1930s, and in the distance, merely in those days still a supporting cast, although trams were on their way out, Corporation buses.

a manner of speaking, in a vast hangar that I later found out had housed the ill-fated airship R101, which crashed on its maiden voyage in October 1930, killing most of the occupants, and bringing to an end the concept, as far as the UK was concerned, that airships were going to be the transport of the future.

During my time in the RAF a Bristol/ECW L5G was actually the first vehicle I took much notice of that wasn't an RAF Bedford lorry or a Standard Vanguard staff car; it was a Crosville vehicle that was often parked at the terminus of its route from Birkenhead Woodside to Greasby in the Wirral, just beyond the boundary of RAF West Kirby where I spent my eight weeks of square-bashing. How I longed at times to do a Steve McQueen, jump the fence and be driven away to freedom! The best I actually managed, when we were released at the weekends, was expeditions by electric train to Liverpool and there, on occasions, a ride on a Corporation tram. I had met Liverpool's trams some years before, and had immediately decided that only the 'Felthams', which I used to ride to and from school and beyond to central London, could rival the big, streamlined, bogie 'Liners' that, as the Liverpool network gradually contracted, had a near monopoly of the remaining routes that passed the towering Lime Street station and terminated down at the Pier Head.

Liverpool was replacing its trams with AEC Regents and Leyland Titans, nearly all of them of an undistinguished aspect, with 'tin fronts' and painted in a rather mundane shade of green. Crosville had a presence at the Pier Head, as well as across the water at Birkenhead, and was a typical, green

HEREFORD I frequently got the opportunity to wander around the Midland Red garage, here home to a line-up of SONs.

Tilling company with mostly ECW-bodied Bristols, although a few late pre-war Leyland Titans still survived. Then there was Ribble, an interesting company and in some respects rather like a mirror image of Southdown, with Leylands of every description, many pre-war examples still at work with post-war bodies, all in a rather attractive shade of cherry red, the coaches predominantly cream.

But that was far from completing the Liverpool scene, for St Helens worked into the city with its London-type RTs, while Lancs United also had a presence, as did coaches of various operators. Across the water, as well as Crosville there were the beautifully maintained, handsome, blue-painted Massey-bodied Leyland Titans and some Guys of Birkenhead Corporation, which provided a nice contrast with the bright yellow Titans of Wallasey Corporation. A couple of Sundays I managed to visit relations in Cheshire and Shropshire, which mostly involved trains but also Crosville and Midland Red.

Then came the great day when, having survived the worst that Corporal Abbott, a bit of a sadist, a fairly useless sergeant whose name I have long forgotten, and the decent Corporal Harvey could

subject us to, we innocent aircraftsmen passed out and moved on to be trained to do something rather more useful than polishing our kit, marching about but not getting anywhere much, and being generally toughened up. Credenhill, a few miles west of Hereford city and not all that far from the Welsh border, was now to be my home for the next three and a bit months. This was basically Midland Red territory, but some of the deeply rural bits to the west, including the service that passed the camp gates, was in the hands of Yeomans of Canon Pyon, a company that began in the 1920s and still exists. The regular vehicle on the route into Hereford was a Commer fitted with a two-stroke engine, which managed a rather rude noise when accelerating and provoked a certain amount of sniggering and giggling from us immature RAF trainees; the regular customers had clearly got used to it long ago. The company also used double-deckers, including a Daimler CVD6, which was one of two that used to wait at Hereford railway station around midnight on Sundays for the RAF types returning from 48-hour leave passes. The trouble was there was never quite enough room for everyone, so as the

train drew into the station the doors were flung open and bodies leaped out to ensure a place on the bus rather than having to walk the 8 miles back to camp. Two service policeman were always on board to prevent this sinful practice, but the best they could two was to grab a couple of unfortunates who leaped into their arms. Inevitably it eventually became my turn to be caught. After the buses had departed I got a lift, at no cost, back to camp in the police Land Rover. Next morning I appeared before the duty officer who, glancing up from his paperwork, grunted, 'Humph, don't do it again,' as he presumably did every Monday morning, and I was dismissed, a free man.

Life was rather more relaxed now and I frequently got the opportunity to wander around the Midland Red Hereford garage and, venturing further afield, the Worcester one. Local services in Hereford were in the elderly but still efficient cylinders of CHA-registered SONs. At the same time a rather proud driver parking a brand-new S14 invited me to note its fibreglass front – very second-part-of-the-20th-century. Double-deckers were a familiar part of the scene in both Hereford and Worcester then. D5s could be seen on local town services in Hereford while LD8s worked the long-distance X34 and X35 to Shrewsbury.

I just once travelled the entire route, on a sunny spring day through the deep valleys of the Marches, surely one of the most attractive bus journeys imaginable. The LD8s were more or less standard Farington-bodied Leylands, but with Midland Red-designed front ends with concealed radiators, while the 1949-vintage D5 was pure Midland Red. The company had standardised on concealed radiators way back with the prototype D1, which, combined with a very characterful 'I'm keeping an eye on you' look about their upper deck front windows, quite persuaded me that losing the radiator, or rather concealing it, had a certain aesthetic appeal.

Although the D1 actually came out during the Second World War, it was far in advance of any other double-decker in the UK, and when it came to the production D5 Midland Red saw little need to change a handsome, proven design. The successor D7, although influenced by the horrible Orion, had the great good sense to relate far more closely to Midland Red aesthetics.

Worcester, apart from the latest post-war double-deckers, also operated the pre-war, front-entrance FEDDs, and the contrast between the pre- and post-war designs was as great as that between Midland Red pre- and post-war single-deckers. There wasn't even a hint of progression from one to the other; it was if they had been conceived on different planets.

TILEHURST Reading replaced its trolleybuses with trams between 1936 and 1939, but it was never a large fleet, 63 vehicles in 1956. On occasions I used to travel from Tilehurst, where this picture was taken beside the West of England main line, through the town to Wokingham Road in AEC Park Royal-bodied ones like this, when hitch-hiking home from RAF Abingdon, it being pretty well impossible to get a lift in the busy town streets. The Reading system was one of the last to be abolished, withdrawal coming on 3 November 1968, a decision much regretted, for the trolleybuses were still making a profit, unlike the diesel buses, but manufacture of trolleybus equipment had virtually ended in the UK by this time.

I rather enjoyed my time at RAF Credenhill. I made a particular friend, 'Spike' Butterworth from Milnrow, near Rochdale, who got me interested in the Tour de France and jazz… He was a keen cyclist himself and one warm summer evening had taken himself off along the A438 to the Welsh border, downed a pint of rough cider on his return and rendered himself almost instantly incapable, collapsing on to his bed, giggling helplessly. I'd never seen that happen so quickly… We kept in touch throughout our time in the RAF, and met a couple of times after demob, when I was living in Lancashire, then went our separate ways. Fifty years later one of our number contacted all of us for a reunion… I wasn't that keen but would have gone if Spike, real name Harry, had attended. Sadly he had died. I had met his widow, then his girlfriend, back in 1964, and she told me that Harry had become the magistrate's clerk in his home town and spent much of the rest of his time as an accomplished amateur jazz musician. All RAF stations had a cinema, called the Astra. Spike

and I patronised it a lot and I especially remember Jacques Tati's *Monsieur Hulot's Holiday* – I've seldom heard such laughter in a cinema.

Come high summer and the RAF, rather trustingly classifying me as a qualified typist, sent me off, not so far away, down the Paddington main line to Abingdon. That was the day when the England and Surrey spin bowler Jim Laker achieved the surely never to be equalled feat of taking nine Australian wickets in the first innings of the Old Trafford test match and, unbelievably, all ten in the second. Abingdon was at the end of a short branch off the Oxford to Didcot line, but it was more convenient to take the bus from Abingdon town centre, a fairly short walk from the camp, to Oxford, so I got to travel regularly in the Oxford Bus Company's AEC Regents with their highly distinctive red, green and maroon livery, although the route was a joint one with Thames Valley so a Bristol/ECW K-type or Lodekka might turn up.

I used to travel home on leave to Thornton Heath by various means, including hitch-hiking, which was relatively easy if one was in uniform, but getting from one side of Reading to the other was tricky and I would sometimes resort to a trolleybus ride. Reading was rather keen on trolleybuses and kept them operating longer than many UK systems. Again, I made some good friends and met one of those people you come across perhaps only once in a lifetime who you would absolutely trust with your life.

This was the C of E chaplain, Wing Commander Rev Stanley Harrison. Wing Commander was an unusually advanced rank for a chaplain, but then Stanley Harrison was an unusual man. An understanding chaplain could make a great deal of difference to an unhappy, frightened recruit, and although by the time I got to Abingdon I was fine in that respect, there was something about Stanley Harrison that inspired total trust. He had won the

George Medal, and although none of us would have dared ask him outright, it was understood that he had dashed into a crashed, burning aircraft during the war. Many, many years later I looked him up and that was precisely what he had done, in 1940, and there was a picture of him holding his baby son after he received his medal from King George VI at Buckingham Palace.

One of the aircraft we had at Abingdon was the Blackburn Beverley. It was a huge, ungainly looking machine; it seemed to lumber, rather than fly, and you'd watch it take off and wonder how it stayed up. Well, soon after I left Abingdon one didn't. It

West Malling was in Maidstone & District territory, one of my favourite companies.

crashed nearby, in March 1957. Once again Stanley Harrison, together with another officer, dashed to the site and 'worked for three hours and removed 14 bodies.' He was awarded the OBE, the citation noting 'his courage and resourcefulness of a high order, refusing to give up whilst there was any hope of finding survivors amongst the wreckage.'

My next move was to a Fighter Command station, RAF West Malling, which had a distinguished history, being one of the Battle of Britain aerodromes. Nothing remotely as dramatic occurred there in my time – quite the opposite. The great advantage of West Malling was that it was just an hour's motorcycle ride from home. It was in Maidstone & District territory, one of my favourite companies; I was a member of the cricket team, and we played the company's employees based at Borough Green garage. I wonder how may bus garages, anywhere, could still raise a team?

Have you ever had the feeling you weren't needed? That, it gradually dawned on me, was my situation at RAF West Malling. Don't get me wrong, I didn't take it personally. I was the senior clerk in the control tower. My chief task was to type out the night flying orders for the three Meteor NF8 and NF15 fighter squadrons, and any other occasional letters the Flight Lieutenant, who was my boss, could think up, more than once with reference to selling part of his O gauge model railway. The rest of my time was taken up with editing a supposedly satirical magazine, also a radio show for the camp radio, based on *The Goon Show*, with much of the material supplied by AC2 Joe Hyam, and sitting on the grass watching aeroplanes take off and land.

Most weeks I would leave camp on Friday afternoon, be home an hour or so later, trot off to a photography course at Regent Street Poly on Monday, and get back to West Malling on Tuesday morning. Somehow the Royal Air Force struggled on without me when I wasn't around. The fact was that National Service was coming to an end, and with the shrinking of the Commonwealth there were simply far too many servicemen, kicking their heels and doing nothing, or very little, of use.

It was an understatement to describe Joe Hyam as a maverick. He had an English degree from Oxford and was the education clerk, but for reasons I never fathomed he refused to take any RAF trade tests and therefore remained on the lowest possible rank throughout his two years of service. He was Jewish and, not surprisingly, lived in Golders Green. He had a rather upper-class accent but, according to one of our number who sometimes hitch-hiked with him, if he found himself in the cab of a lorry he adopted pure Cockney and used the sort of language that would make even the most hardened lorry driver blush. We National Servicemen were allowed two travel warrants a year, which you were really supposed to use in an emergency, but this wasn't mandatory; Joe and I worked out that the furthest you could travel from West Malling was Stornoway, and were all prepared to do just that when we realised it was December and the weather was likely to be absolutely awful in that part of the world for at least the next three months, so abandoned the idea. I think I used the warrant for a trip to Shrewsbury, or maybe Liverpool – I certainly visited both during leave from West Malling.

Beyond the South of England, the Midlands and Lancashire this volume covers areas that I visited later, so the photographs in Yorkshire and beyond are from my collection. 1956 still saw full-scale production of the half-cab double-decker, although the rear-engine Atlantean was looming on the horizon, while the half-cab single-decker and coach were considered so out of date that several companies rebuilt them with full fronts in a futile attempt to convince the travelling public that they were more modern than they really were. All you got was rather more noise from the engine.

Perhaps surprisingly there were a number of tram systems still operating. Not much remained of the once great Liverpool one: it would end in September, 1957. Leeds, an equally great system in its heyday, finished in November 1959. The much smaller Llandudno & Colwyn Bay system finished in March 1956 but, to an awful lot of people's surprise, this resulted in the preservation and restoration to running order – although it never has run again – of a Bournemouth tram. The Bournemouth system had finished well before the Second World War, but several of its open-top trams had been sold and thus

one is now part of the National Collection and lives at Crich. In Wales the Swansea & Mumbles, which had the advantage of a reserved trackbed for almost its entire route, lasted until January 1960, while the very last English system to close was Sheffield, in October 1960. By this date the preservation movement was flourishing and no fewer than 12 Sheffield trams have been preserved. Sheffield had the good sense to bring back a new generation of trams in 1994.

All four of Scotland's city systems survived into the 1950s, and might still be with us today if the UK

Below: **MUMBLES** One of the very last tramways to be closed was the Swansea & Mumbles, and if only it had lasted a while longer it would surely have survived as part of the regeneration of the Swansea area. The trams were these huge, Brush-built double-deckers dating from 1929. They seated no fewer than 106 passengers, the greatest capacity of any UK tram, and at busy times two trams would run coupled. The tramway, which ran mostly on reserved track along the water's edge to Mumbles, was sold to the South Wales Transport Company (a bus company) in 1959, which promptly obtained permission from Parliament to replace the trams by buses, and this it did, despite vociferous local opposition, the last tram running on 5 January 1960. Tram No 2 went to the Middleton Railway for preservation but was so vandalised that it was destroyed. All we have now is the front end of No 7 in the National Waterfront Museum. This picture shows the ill-fated No 2 at Mumbles.

makers of trams and, especially, the infrastructure that supported them had not disappeared. At that time the notion that mainland Europe could not only demonstrate that the tram was alive and well but could have supplied everything a modernised UK system needed, does not seem to have been considered. So, first Edinburgh lost its trams, in November 1956, then Aberdeen in May 1958, followed by Dundee in October of that year, and finally Glasgow, perhaps the greatest and most fascinating system of all, although Londoners would disagree, sent its last tram out of its depot and on to the streets of Scotland's largest centre of population on 31 August 1962.

But that wasn't quite the end because the first electrified system of all, Blackpool, refused to die and, although the routes within the town streets disappeared, the line that everyone associates with Blackpool and brought in the visitors, that along the coast from the Lytham border to Fleetwood, continued, and is still alive and well today.

Trolleybuses were still flavour of the month in many UK towns and cities, although their future was uncertain. The London system was still the biggest in the world, although it had shrunk very slightly in 1950 when the Wandsworth depot, which operated both trams and trolleybuses, had given up both. Two batches of new trolleys, the splendid Q1s, had arrived in 1948 and 1950, but there would be no more and the entire system was due to begin dismantlement at the end of the decade, except for that around Kingston, where the Q1s could be found and where, ironically, trolleybuses had begun in London. As with trams, some trolleybus systems would have lasted much longer than they did had the back-up industry survived. Looking back, the almost quiet, almost pollution-free trolleybus had much to recommend it, and as the modern part-electrically-powered motor bus inches us towards what might one day turn out to be its successor with overhead wiring for at least part of its journey, we can reflect that had such authorities as Bournemouth, Huddersfield, Walsall and Bradford, for instance, been only a little braver and more forward-looking, they might never have abandoned their original systems.

Kent

We'll start, reasonably enough, in the far South East, which means Maidstone & District and East Kent. Both companies favoured Leylands, but in other respects their tastes diverged, the former being keen on Bristols and AECs, while the latter operated, a little unusually, a fleet of Dennis single-deckers. Maidstone & District had a few of these, but both had been allocated Guys during the war, and these so suited East Kent that it bought many more after 1945. The Maidstone livery of dark green and off-white was attractive, made more so by light green lining and a quite wonderful fleet name design. East Kent vehicles were cherry red and cream, and very nice too. One East Kent curiosity was that there were no fleet numbers, vehicles being identified by their registrations, which began either with FN or JG (Canterbury). Maidstone & District registered its vehicles at Maidstone, not surprisingly, so had lots with K in the middle.

MAIDSTONE This is JG 8232, a Park Royal-bodied Leyland Titan TD4 of 1937 at Maidstone bus station, which claimed to be the oldest in the UK. It is about to set off on the celebrated jointly operated route 10, which would take it all the way to the coast, within sight of France – on a clear day – at Folkestone. As with many companies, the inevitable reduction in maintenance during the war years had a more drastic effect on bus bodies than chassis, and most of the company's more modern Titans were fitted with new Park Royal or ECW bodies in 1948-50. JG 8232 lasted until 1962, serving the company for no less than a quarter of a century.

MAIDSTONE At the same spot, also working route 10, is a rather more modern Titan. Unable to buy Bristols, not being part of the Tilling Group, Maidstone & District went back to Leylands and in 1951 bought 41 PD2s fitted with Leyland Farington bodies. My friend Barry and I were much taken with these splendid vehicles and we made a trip to Tunbridge Wells to sample a ride on one. They had just taken over the lengthy 119 and 122 routes, operated jointly with Southdown, which at the same also introduced Farington-bodied PD2s. We considered them just about the most handsome buses to be found outside the London area, and I've never found it necessary to change this opinion. This is No DH389, which worked for the company for 19 years.

MAIDSTONE Corporation operated trolleybuses and motor buses, and here in the town centre we are looking down on a 1947 Sunbeam trolleybus with a Northern Counties body. The trolleybus system was abandoned in 1965. No 72, one of the vehicles of this group, has been preserved in working order and can be seen at Sandtoft Trolleybus Museum in its distinctive brown livery.

MARGATE Forty Park Royal-bodied Guy Arabs were delivered to East Kent in 1951. At that time Park Royal was building thousands of RT-type bodies for London Transport, and the RT influence on this one, resting over in Margate, is very obvious.

RAMSGATE East Kent derived much of its income from serving Canterbury and the popular east Kent resorts, chiefly Margate, Broadstairs and Ramsgate. Here, two London Transport RTs have been down for the day, a regular occurrence, and are heading home above the harbour. I remember asking a pupil of mine at Portland Secondary Modern School, South Norwood, what he had been doing at the weekend. 'Went to Brighton,' was the reply. 'How did you get here,' I asked? 'On the 197,' was the reply. The lad's father was a conductor at Croydon garage and LT employees and their families regularly hired, at a favourable rate, buses for seaside outings. Behind is an East Kent Titan, and down below beside the water a row of East Kent Leyland Tiger coaches.

RIVERHEAD Although both East Kent and Maidstone & District replaced or rebuilt many of their pre-war double-deck bodies, some remained virtually unchanged. This is No 281, a lowbridge M&D Weymann-bodied Bristol K5G of 1938 still virtually as built 18 years later heading through Riverhead, Sevenoaks, only days before withdrawal.

Right: **TUNBRIDGE WELLS** The jointly operated route 122 was said to be the longest double-deck route in the country. 'Looking like the back of a bus' was about the most profound insult one could apply to a member of the opposite sex – but not if she looked like one of these splendid Farington Maidstone & District Leylands fitted with platform doors, pausing at Tunbridge Wells so the conductor can pull on the almost inevitable fag. Might the approaching sailor be returning to his ship on the Thames?

Below: **TUNBRIDGE WELLS** The other half of the all-Leyland provision on the 122 is represented by this immaculate 1947-vintage Southdown PD1.

Above: **TUNBRIDGE WELLS** Many bus companies prolonged the life of time-expired buses as service or engineering department vehicles. Standing inside Tunbridge Wells garage is No 859, originally a Leyland TD1 double-decker of 1928 and converted to a breakdown truck in 1939. It survived in this form until 1959, a career of 31 years, which is not bad. It looks like either 'Gert' or 'Daisy' of music hall and BBC Light Programme fame passing between the ancient Titan and the vastly more modern, handsome Harington-bodied AEC Regal coach of 1949.

Left: **TUNBRIDGE WELLS** Maidstone & District's first underfloor-engine bus was Saunders Roe integral-bodied No SO68 of 1953. The company's chief engineer was much involved in its design and, considering that it was unique, it did well to last 13 years. It is passing Tunbridge Wells garage accompanied by the almost inevitable cyclist fore and aft at the beginning of its journey along the Medway Valley.

Right: **TUNBRIDGE WELLS** The lightweight Weymann/MCW Orion body was not one of the best received efforts of the bus industry, being very basic internally and ill-proportioned externally. Yet in the handsome, well-proportioned Maidstone & District livery it looked a great deal better than it had any right to. This is a Bristol K chassis delivered in May 1945 and fitted with its Orion body nine years later. Whatever its faults, this ensured that the bus served the company for no less than 21 years, good value by any standards. It is seen at the Tunbridge Wells Central station terminus of route 7, sporting its TW garage symbol at the rear bottom left.

Leftt: **ASHFORD** At home in the East Kent garage are six Leyland TD4/5 Titans, three with post-war Park Royal bodies and three with post-war ECW ones. Also present is a 1939 all-Dennis Lancet bus and, beyond it, an older 1936-vintage Lancet with the earlier type of big, and rather ugly, radiator, fitted with a 1933/34-vintage Park Royal bus body originally mounted on a Tilling-Stevens chassis.

Above: **HYTHE** East Kent bought a batch of 50 all-Leyland PD1s in 1947/48 and just one PD2. This is that one, CJG 987, on a cold, damp winter day at Hythe.

Right: **HASTINGS** The Hastings Tramway Company was taken over by Maidstone & District in 1935, but the name was kept until its vehicles were absorbed into the main fleet in 1957. This is No 23, a Park Royal-bodied Sunbeam of 1946, heading along the seafront on a snowy winter day. The system was closed down on 1 June 1959, the trolleybuses being replaced by a fleet of Atlantean buses.

Right: **VICTORIA COACH STATION** This rather attractive art deco building, designed by Wallis, Gilbert & Partners, was opened in 1932 by London Coastal Coaches, a consortium of coach companies. Ever since that date it has been the principal arrival and departure point for long-distance coaches in central London and is today owned by Transport for London.

Below: **VICTORIA COACH STATION** Already in 1956 looking somewhat old-fashioned with its roof luggage rack and half-cab layout, Maidstone & District's No CO45, a Beadle-bodied AEC Regal, is nevertheless an utterly magnificent vehicle in the eyes of the discerning enthusiast in its gorgeous off-white and dark green livery. Ahead is a Beadle rebuild, still in coach livery, while over on the far right another half-cab, a South Midland Duple-bodied Bristol, is getting ready to depart for Oxford.

HASTINGS No DH161, a Bristol K6A of 1945 and fitted with a Weymann body in 1953, is working a local Hastings area route. It was withdrawn in 1966 but an identical bus, No DH159, has been preserved by the M&D and East Kent Bus Club and is regularly seen out and about in its old haunts.

Above: **VICTORIA COACH STATION** The epitome of 1930s elegance: a Burlingham-bodied Leyland TS7 Tiger of Southdown is laying over in one of the elegant streets in the vicinity of the coach station, a common sight back in the 1950s.

Left: **VICTORIA COACH STATION** At busy summer weekends almost any vehicle, even double-deck buses, could be called in to help shift the crowds to and from London. One such is this Southdown Park Royal-bodied Leyland PD32 Titan of 1955. One can think of far less enjoyable travel experiences than sitting on the upper deck of such a vehicle motoring up from the Sussex Coast.

Right: **VICTORIA COACH STATION** Very definitely a luxury coach is this Midland Red 30-seat C2 coach of 1950. Midland Red had standardised on the underfloor-engine single-decker by the end of the Second World War, and these magnificent-looking vehicles, together with the contemporary C1s, were true pioneers. Behind is a longer 37-seat C3 of 1953.

Below: **VICTORIA COACH STATION** Nothing like so luxurious is Midland Red bus No 3647, a 44-seat S10 of 1950, which has just unloaded its passengers.

Below right: **VICTORIA COACH STATION** Black & White was a famous coach company based at Cheltenham, which was the 'Crewe' of the coach world where coaches from all over England and Wales met, allowing passengers to interchange. Immediately before the underfloor-engine era in 1948, Black & White ordered a number of Duple-bodied Bristol L6G 30-seater coaches with full fronts; this is No 125, looking distinctly old-fashioned by 1956 when it was called up to work to London at the busiest holiday times. It lasted with Black & White until 1961.

VICTORIA RAILWAY STATION No RTW508 of 1950 is working what is perhaps London's most famous route, serving the heart of the City of London and the West End. The RTWs were London's first 8-foot-wide double-deck diesel buses, and at first the ever-conservative Metropolitan Police confined them to the outer suburbs; it later relented, and thereafter the great majority of their career was spent on some of the busiest routes in central London.

Below left: **VICTORIA RAILWAY STATION** At the bus station in the forecourt of Victoria railway station are, from left to right, RTs Nos 1932 of 1950, 331 of 1948 and 1313 of 1950.

Below right: **VICTORIA RAILWAY STATION** On 10 May 2017 a remarkable historical re-enactment took place to commemorate the entry into service of the first post-war RTs 70 years earlier on route 10. On the extreme left is the only surviving wartime austerity-bodied London bus, No G351 of 1946, and behind can be glimpsed the original pre-war No RT1, and 1934 vintage No STL441. Then from left to right are roofbox RTs Nos 1705, 190 and 1784. In the background, allowing the veterans their brief centre-stage moment of glory, are modern LTs and others. *Peter Zabek*

TOTTENHAM COURT ROAD No 865, an MCW-bodied H1 Leyland of 1937, brings up the rear of five trolleybuses at their terminus off Tottenham Court Road. Trams, being double-ended, could just come to a halt in the middle of the road and head back whence they had come, but a trolleybus needed a loop, occasionally in the middle of the road if it was unusually wide, but often around side streets. Percy Street was the location for the 629 and others, although it was never shown.

BLOOMSBURY The 555 was the trolleybus route that penetrated furthest into the West End of London. Here all-Leyland K-type trolleybus No 1290 of 1938 stands at the Bloomsbury terminus.

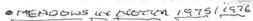

SWANLEY The standard London Transport double-deck bus of the immediate pre-war years was the STL. It finished service in 1954 but a considerable number were sold on, and this is No STL2525 in a yard near Swanley, which Corporal Jim and I visited one evening from RAF West Malling.

Above: **HOLBORN CIRCUS** The standard single-deck equivalent was the AEC Mark IV Regal, the RF, of which there were 700. This is No RF7, of the earliest variation, used for private hire and dating from 1950.

Right: **KING'S CROSS** Birch Brothers was a very long-established PSV operator and in 1956 was running an express service from King's Cross to its home base at Rushden in Northamptonshire. This is one of the company's modern Willowbrook-bodied Guy Arabs.

WEST CROYDON was one of the relatively few places on the London Transport system where red and green buses and trolleybuses terminated. Until 1951 three tram routes also passed by. On the right is Catford's No RT4679 of 1953, and the other two are 1950-vintage RTs from Godstone Garage, the leading one No RT3128.

1956 Happenings (1)

January
- Top floors of Eiffel Tower damaged by fire
- 1956 Winter Olympics open in Cortina d'Ampezzo, Italy

February
- British spies Guy Burgess and Donald Maclean resurface in USSR after being missing for five years
- Elvis Presley enters US charts for first time with *Heartbreak Hotel*
- Norma Jean Mortenson legally changes name to Marilyn Monroe

March
- Morocco and Tunisia declare independence from France
- Pakistan becomes first Islamic republic

April
- First practical and commercially successful videotape demonstrated
- Grace Kelly marries Prince Rainier III of Monaco
- Heavyweight boxing champion Rocky Marciano retires unbeaten

May
- John Osborne's *Look Back in Anger* opens at Royal Court Theatre, London, introducing the so-called 'angry young men'
- First Eurovision Song Contest broadcast from Lugano, Switzerland, won by the host country
- British Railways renames 3rd Class as 2nd Class

WEST CROYDON Two 1949-vintage Chelsham-based Country Area RTs are working route 403. No RT2509, on the left, is bound for Tonbridge; its route, once out into the countryside beyond Chelsham, was a most attractive one, along the North Downs, crossing the border from Surrey to Kent close by the Pilgrims Way, then a long descent to the pretty village of Westerham, along the valley through Riverhead, on to Maidstone & District territory at Sevenoaks, and finally more climbing and descending to Tonbridge. No RT2510 on the right has not far to go, some 15 minutes to its terminus deep in suburbia at Wallington.

KINGSTON was another of the red and green bus meeting points. Seen here are, from left to right, Country Area No RT4764, only just delivered (although two years old), much older roofbox Country Area RT1004 of 1948, red No RT3320 of 1952, and 1948 Mann Egerton-bodied No TD129. In the railway station behind is an ancient Southern electric multiple unit made up of London, Brighton & South Coast Railway arc-roofed carriages.

Surrey and Sussex

GUILDFORD The Aldershot & District Traction Company Ltd, to give it its full name, was a great patron of Dennis, that firm's factory being in the heart of A&D territory at Guildford – where, remarkably it still is, although A&D is long gone. The single-deck Lancet was popular with many companies, the double-deck Lancet less so, but Aldershot & District liked both. Another of the company's Guys is seen here, a wartime bus fitted with a new, locally built Weymann body in 1950.

NEAR LEWES This view was taken from the South Downs and shows a Southdown Beadle-bodied Leyland PD2 Titan approaching Lewes on the 119 route from Tunbridge Wells to Brighton.

NEAR BRIGHTON Along the seafront and below the Downs between Rottingdean and Brighton town centre, a Brighton, Hove & District open-top Bristol K takes on passengers.

Right: **BRIGHTON** In 1939 Brighton Corporation invested in a fleet of Weymann-bodied AEC Regents, some of the most handsome double-deckers of their time; not surprisingly there was a close resemblance to the trolleybuses. They served Brighton for more than 20 years and one has been preserved. A stylish Vauxhall Wyvern, much influenced by transatlantic fashions, is passing.

Left: **BRIGHTON** In 1939 Brighton replaced it trams with a fleet of trolleybuses, and this is one of them, a Weymann-bodied AEC, at the Stein in the town centre. The system ended in 1961, but two Brighton trolleybuses survive, one in the National Collection, presently stored at Wroughton, rather fittingly on the downs above Swindon, the other in Maidstone livery, for whom it operated after being sold by Brighton, at the Carleton Colville Museum in Lowestoft.

1956 Happenings (2)

June
- Elvis Presley performs *Hound Dog* on TV, scandalising viewers with his provocative hip movements
- First 'snooze' alarm clock introduced
- International Criminal Police Organisation becomes 'Interpol'
- Gamal Nasser becomes 2nd President of Egypt
- Marilyn Monroe marries playwright Arthur Miller

July
- House of Lords defeats abolition of death penalty
- Egypt's President Nasser controversially nationalises Suez Canal

August
- 262 miners (mostly Italian) die in fire in Belgian coal mine

Left: **BOGNOR REGIS** Pulling out of the utterly gorgeous and wantonly destroyed Southdown art deco bus station at Bognor Regis is an all-Leyland PD2, perfectly complementing its setting on local route 50. I've always had a soft spot for Bognor Regis, for we escaped some of the Blitz in 1940 and lived at two different bungalows in Felpham, a village adjoining Bognor where William Blake lived. Felpham was served by route 50.

Right: **ON TOUR**
Southdown No 1618 (LUF 818), a Duple-bodied Leyland Royal Tiger of 1952, which seated only 26 passengers in considerable comfort, is doing what it was designed for, touring in Wales.

Above: **HORSHAM** One of Southdown's original Leyland TD1s of 1929 had its life extended when it was converted to a tree-lopper. It is seen here outside Horsham garage, its radiator protected by a nice, warm jacket.

Right: **HORSHAM** Three Leyland Tigers are hibernating for the winter inside Horsham garage. From left to right, No 1178 is a TS7 coach of 1937, No 1076 a TS4 coach of 1933 with a later body, and No 1417 a TS7 bus of 1935. No 1076 has one of the Covrad radiators, fitted to the oldest Titans and Tigers after the war; it is also in the later all-over green coach livery, quite possibly the only early Tiger to receive it. All three bodies were built by Harrington of Hove.

Hampshire and the Isle of Wight

PORTSMOUTH's trolleybus system opened in 1934 and closed in 1963. This is Corporation trolleybus No 263, a Burlingham-bodied BUT.

PORTSMOUTH No 185, a Weymann-bodied Leyland PD2, is seen in the city centre.

SOUTHAMPTON The City of Southampton was one of those companies that found the wartime Guy chassis very much to its liking and in post-war days bought a large fleet of Park Royal-bodied Guy Arabs. One is seen here beside the spectacular Ocean Terminal Building, constructed especially to accommodate passengers on the two great Cunard transatlantic liners, the *Queen Mary* and the *Queen Elizabeth*.

Above: **BEMBRIDGE** No 836, a Southern Vectis Bristol LL5G/ECW 39-seater bus of 1951, waits at Bembridge station.

Left: **SANDOWN** The ECW body for the Bristol LS chassis was rightly considered a classic, together with Burlingham's 'Seagull', in the early days of underfloor-engine coaches. This is Southern Vectis No 305, dating from 1952. In 1956 Southern Vectis coaches found plenty of employment on the island, but with the introduction of larger vehicle ferries competition from mainland coach companies and the private car dealt the company's coach business a severe blow.

Right and below right: **NEWPORT** Harrington-bodied Dennis Ace No 400 of 1934 is parked outside Southern Vectis's Newport garage. The company certainly got its money's worth out of these little 20-seater 'Flying Pigs'. This one lasted until 1956, the final vehicles of this group of nine not being withdrawn until 1959.

But that was not the end of the story. One Ace, No 405, managed to escape the scrap man and was eventually preserved. It is seen here in the bus museum at Newport in 1998. It later passed to Derek Priddle who employed Seb Marshall to do a no-expense-spared restoration and in 2010 it made its first appearance recreating its original, sparkling 1934 condition.

Dorset and Somerset

BOURNEMOUTH EEL 48, a Burlingham-bodied Bedford WTB of 1938, is seen by Bournemouth pier. It was one of 25 Bedfords bought by Bournemouth Corporation between 1937 and 1939.

GETTING MARRIED?

Take your guests to the Reception and home again afterwards with a special bus from

BOURNEMOUTH CORPORATION TRANSPORT

BOURNEMOUTH Of the same vintage is this Leyland TD5, one of 16 with a 'Luxury' Weymann body with a sliding roof. They had petrol engines to give them a smoother performance and served the town for well over 20 years. Living in Bournemouth in 1944/45, I was much impressed with their distinctive engine note and their imposing full fronts, although I only got to travel on one once.

BOURNEMOUTH I was very much more familiar with the bright yellow trolleybuses, which had much the greatest presence in Bournemouth, travelling every day to my school at County Gates, Westbourne, whose front door was in Hampshire, the back in Dorset. This is No 191, a Park Royal-bodied Sunbeam MS2 of 1935, in the Square, still today the centre of public transport in Bournemouth; indeed, other traffic is now banned. Like the TD5, No 191 had two staircases and back and front entrance/exits.

Left: **STUDLAND** The ferry across Poole Harbour between Sandbanks – where property is supposed to be the fourth most expensive in the world and therefore, one assumes, bus services are not much in demand – and Studland, also known as the floating bridge, has always carried buses, notably the regular service between Bournemouth and Swanage. Here Hants & Dorset No 761, a 1940-vintage Bristol L5G with Beadle bodywork, is about to disembark at Studland. This particular bus was withdrawn in 1952, but other similar ones survived into 1956 and beyond.

Below left: **YEOVIL** This is Southern National Bristol/ECW LWL5G LTA 778 of 1951 in Yeovil. These handsome buses could be seen, in either Tilling green or red, wherever the Tilling empire reached. However, their half-cab, rear-entrance layout meant that they could not be adapted to one-person operation, unlike their underfloor-engine successors, already in production, and they often suffered early withdrawal.

Below: **WESTON-SUPER-MARE** This Bristol Tramways 1938 Bristol/ECW K5G is on training duties; a long-lived vehicle, it had become a trainer early in 1956 and was eventually disposed of in 1962, after 24 years with Bristol Tramways. At the time this huge company operated more than 1,200 buses, and its territory stretched from Hereford to Salisbury and from Oxford to Bridgewater.

WESTON-SUPER-MARE Also in the seaside resort is another, older Bristol K5G with a Bristol body. It was converted to open-top in 1952 and served as such until 1961. The company finally changed its name to the Bristol Omnibus Company in 1957 – it had last run trams in 1941.

Above: **READING** was one of the very last operators of lowbridge double-deckers, several Park Royal-bodied AEC Regent IIIs being delivered right at the end of 1956. This is the upper deck of one of them, demonstrating the unique, inconvenient (for adults, intriguing for children) layout.

Top right: **READING** Thames Valley was another company that provided me with transport in 1956, from Abingdon to Oxford, a service operated jointly by the Oxford Bus Company and Thames Valley. The company operated double-deck Bristol KSW6Bs, the single-deck equivalent being the LWL. This is Thames Valley's No 584 (FMO 966), an ECW-bodied LWL6B, at Reading General station - note the semaphore signals in the background.

Above: **AYLESBURY** City of Oxford's territory spread way beyond the city, and it had routes that met up with London Transport, United Counties, Midland Red, Bristol and Thames Valley. This is a 1949 City of Oxford Regent with a lowbridge NCB body at Aylesbury.

Left: **CHELTENHAM** This Weymann-bodied Albion Venturer was part of the Cheltenham Bus Company fleet. Scottish-built Albions were pretty unusual in England, but at this time the Cheltenham company was owned by Red & White, which favoured the make. The Albion was never the most refined of buses, with, according to someone who knew it well, 'heavy steering, with enormously long travel in the gear shift, and lots of engine noise' but 'probably the most rugged, economical and lowest maintenance of the lot.'

Across the Midlands

CAMBRIDGE Eastern Counties really got good value from this 1933 Leyland Titan TD2, seen in a wet Market Street. Having survived the war in 1949 it was fitted with an ECW body and a Covrad radiator and continued in service until 1960. A 27-year career with the same company is quite something. My first visit to Cambridge was organised by the school and we travelled in a Commer coach, which broke down on the way home and the driver got very stroppy when one of our number attempted to take a photograph. Even more exciting – allegedly – was that the master in charge, old Parky, a Cambridge graduate, in reliving past glories had gone punting on the Cam and had fallen in. Certainly he appeared ready for the journey home in a different suit from that in which he had arrived.

CAMBRIDGE An Eastern Counties ECW-bodied Bristol L5G. Although these were basically bus bodies, many companies adapted them to make quite presentable coaches. Southdown actually had some mounted on Leyland Tiger PS1 chassis.

Left: **NOTTINGHAM** This is a Lincolnshire Brush-bodied Leyland TS8 Tiger of 1938. TS7 and TS8 Tigers were the mainstay of the company's single-deck fleet and many, with new bodies, lasted into the 1960s.

Below left: **NOTTINGHAM** replaced its trams in 1927, trolleybuses working between that year and 1966. The fleet at its height numbered 140 vehicles, and No 451, seen here, is a wartime Karrier; behind is a post-war Roe-bodied BUT. Nottingham brought back its trams in 2004 and has since expanded the system. If only more UK towns and cities had the courage – and funding – to follow its example… Nottingham also has the most wonderfully colourful buses in the country, hardly any two exactly the same.

Below: **NOTTINGHAM** GUA 781, from about 1939, is a Leyland TD5 with rather nice Roe bodywork. Based in Leeds, Roe's bodies were seldom seen south of the Trent.

NO FRONT REG Nº!
(WITHDRAWN) D. Por Port (29. 8. 2018)

Photo	DESTINATIONS
52	SANDOWN
53	NEWPORT [2]
54	BEMBRIDGE
55	BOURNEMOUTH
56	BOURNEMOUTH
57	BOURNEMOUTH
58	STUDLAND
59	YEOVIL
60	WESTON-S-MARE
61	WESTON-S-MARE
62	READING
63	READING
64	AYLESBURY
65	CHELTENHAM
66	CAMBRIDGE
67	CAMBRIDGE
68	NOTTINGHAM
69	NOTTINGHAM
70	NOTTINGHAM
71	LEICESTER
72	BIRMINGHAM
73	BIRMINGHAM
74	WOLVERHAMPTON
75	SHREWSBURY
76	SHREWSBURY

Above: **LEICESTER** Two all-Leyland City of Leicester PD2s, Nos 106 and 121, are laying over near the city centre. There were 30 of these buses, dating from 1950, and they served the city for many years. One has been preserved.

Right: **BIRMINGHAM**, England's second city, took great pride in its buses, the interior appointments being of an especially high standard. Being so large and having so many manufacturers of bus chassis and bodies close by, the city was able to specify buses to its own design. This is a 1947 post-war standard Daimler CVD6 with MCW bodywork.

BIRMINGHAM In 1956 Birmingham-based Midland Red (although 'Red' was never officially part of its title) had the second largest bus fleet in the country – after London – and covered a larger part of England than any other company. By 1956 this double-deck bus, an REDD of 1932/33, had been sold and had become a home parked in a farmyard in Herefordshire. I'm not sure how I first came across it, perhaps from the train, but I then went back on my BSA Bantam, which I kept at RAF Credenhill, to the west of Hereford city, to take its picture. The REDDs were Midland Red's first double-deckers, the whole thing designed, as were almost all Midland Red vehicles at this time, in-house. It was impossible to identify this one as it had been painted green all over, but was still complete, the tyres still looking pumped up. All the REDDs were withdrawn between 1949 and 1950 so it must have been there at least six years. One survives, although not fully restored, at Wythall Museum, just south of Birmingham.

WOLVERHAMPTON A pre-war Wolverhampton Daimler COG5, BJW 150, is seen in the town centre, with a pre-war Park Royal-bodied Sunbeam trolleybus opposite. The trolleybus first appeared in the town as early as 1923 and such was its success that the Corporation developed a system that became the largest in the UK until surpassed by London Transport. It helped that two of the world's largest builders of trolleybuses, Guy and Sunbeam, were based in Wolverhampton. The system was wound up, reluctantly, in 1969.

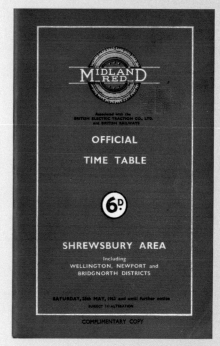

MIDLAND RED

Associated with the
BRITISH ELECTRIC TRACTION CO., LTD.
and BRITISH RAILWAYS

OFFICIAL

TIME TABLE

6D

SHREWSBURY AREA

Including
WELLINGTON, NEWPORT and
BRIDGNORTH DISTRICTS

SATURDAY, 25th MAY, 1963 and until further notice
SUBJECT TO ALTERATION

COMPLIMENTARY COPY

SHREWSBURY This picture epitomises the extraordinary leap forward in modernity between the later pre-war Midland Red designs and the early post-war ones. The DON on the left has, with its tiny cab, archaic-looking radiator, stencilled number and destination on a wooden board, more than a hint of the 1920s, while the S10, No 3678 of 1949, is one of the many varieties of underfloor-engine single-deckers that had been the norm for Midland Red since 1946, long before just about everyone else. DON No 1721 of 1935 is standing beside Rowley's House Museum, one of the finest of all the fine half-timbered buildings for which Shrewsbury is celebrated. No 1721, its body rebuilt after the war, was actually withdrawn at the end of 1955 but could still be seen lingering outside Shrewsbury garage well into 1956. No 3678 had a shorter lifespan, being withdrawn in 1962.

1956 No 1 Records

January
Tennessee Ernie
Ford   *Sixteen Tons*

February
Dean Martin   *Memories are Made of This*

March
Dreamweavers   *It's Almost Tomorrow*
Kay Starr   *Rock and Roll Waltz*

April
Winifred Atwell   *The Poor People of Paris*

May
Ronnie Hilton   *No Other Love*

June
Pat Boone   *I'll Be Home*

July
Teenagers featuring Frankie Lymon
                       Why Do Fools Fall in Love?

August
Doris Day   *Whatever Will Be, Will Be
                       (Que Sera, Sera)*

September
Anne Shelton   *Lay Down Your Arms*

October
Frankie Laine   *A Woman in Love*

November/December
Johnnie Ray   *Just Walkin' in the Rain*

SHREWSBURY In another 'ancient and modern' picture, taken on a Saturday morning in August, No 2173, a 1938-vintage SON, which remained in more or less original condition until its withdrawal later in 1956, is working a town service, while behind are two AD2s, AEC Regent IIs, with stylish, concealed-radiator, MCW-built, Midland-designed bodies of 1950. They are operating the X34/5 hourly services connecting Shrewsbury with Hereford by slightly different routes, the popularity of which can be judged by the fact that both vehicles appear to be full, the second a relief going as far as Church Stretton. There were few better public transport experiences than a 2-hour 40-minute journey on the top deck of a Midland Red bus through the delightful hills and valleys of the Marches countryside. There are some interesting examples of mid-1950s fashions among the intending passengers in the shelter.

Just one fully restored SON, No 2448, is based at Wythall Museum. The SONs were successors to the DONs, the earlier ones almost identical in appearance. The very last SONs came out in 1940 and, while very much adhering to tradition, they were modernised with a new style of radiator, painted red all over rather than sporting a silver roof, and were slightly more streamlined. No 2448's body was modernised in 1950, which included the fitting of sliding vent windows, which I thought really suited these buses; indeed, for a while the only GHA SONs I met as a little lad were these, and I assumed that had been like this from new. It was quite a shock when I came across one of the few unrebuilt ones, which I thought not half as good looking.

Above: **SHREWSBURY** A Bedford OB of 1946 is resting over before returning to Bishops Castle. The owner is Minsterly Motors, which still runs the Shrewsbury to Bishops Castle service, a very picturesque, deeply rural experience. OBs were very much the preferred choice for rural transport in the 1940s and '50s.

Above right: **SHREWSBURY** A Sentinel of Mid-Wales Motorways loads up before departure across the Welsh border to Newtown. Sentinel was a Shrewsbury firm with a factory out on the Whitchurch road, world famous for its steam lorries and traction engines. It began a serious attempt to break into the bus market at the end of the Second World War, stealing a march on the big boys by exhibiting an underfloor-engine design (in steam days the engine had been below the floor) at the 1948 Commercial Motor Show. It sold 20 buses to Ribble, but never achieved the breakthrough it had hoped for, not least because its engines had a tendency to fall out of the bus! Nevertheless there was much to commend the Sentinel and this example, an STC/4, served for 18 years with its Welsh owner before being destroyed in a disastrous fire at its Newtown depot.

Below: **CHESTER** Corporation's No 57 is a Park Royal-bodied Guy Arab of 1946 – note that high fashion in Chester at the time was wide, flowing skirts. One always thinks of Chester as the gateway to North Wales, the northernmost outpost of the West Midlands, but Ian Allan, in the ABC series, put it firmly in the 'North Western Area', together with the Stalybridge, Hyde, Mossley & Dukinfield Transport Board, and Colwyn Bay and Birkenhead Corporations.

BIRKENHEAD In that case, we'll now head up the Wirral to the aforementioned Birkenhead, where we see no fewer than four of its excellent Massey-bodied Leyland Titans, in which the Corporation took great pride, while on the right is a Crosville Lodekka. The setting is Woodside, a once hugely important traffic interchange, where passengers alighted not only from Birkenhead and Crosville buses but also from trains at the adjoining railway terminus from as far afield as Paddington and various parts of Wales, and boarded a ferry across the Mersey to Liverpool.

As a post-graduate student at Liverpool University, I used regularly to take a Birkenhead PD2 from here to the wonderful, and highly quirky, Lady Lever Art Gallery at Port Sunlight. Some years later, as a supply teacher at St Dominic's RC primary school in Huyton, I decided to take my class of 47 nine-year-olds to Liverpool, feeling that a bit of culture would do them no harm. Only one other member of staff was brave enough to accompany us ('They'll probably wreck the place'), so off we set, pockets full with the contents of the local corner shop (not my business to enquire if it was paid for). By the time we reached Liverpool city centre I had become aware that few of the class had ever ventured this far – I did the journey twice a day – and going through the Mersey Tunnel was clearly the equivalent of heading for a space station. We had a whale of a time, checking out Charles II's bed, doing a double-take at William Etty's naked nymphs, goggling at Ming china, and much else. They were as good as gold, nothing was nicked, nor even touched, and no one even got sick on the journey home. I don't know what sort of lesson the children made of it, but I had certainly learned one.

WALLASEY This Wallasey Corporation Leyland PD2 of 1951 has a Metro-Cammell body transferred from a late-1930s vehicle. Wallasey's bright yellow, well-kept livery went nicely with the equally well-maintained blue of Birkenhead; Birkenhead and Wallasey buses met at various places in the Wirral.

September
- Hard disk drive invented by IBM
- Submarine transatlantic telephone cable opens
- Bell X-2 becomes first manned aircraft to reach Mach 3

October
- Cecil B. de Mille's *The Ten Commandments* is released, starring Charlton Heston as Moses
- RAF retires its last Avro Lancaster bomber
- World's first industrial-scale commercial nuclear power station opens at Calder Hall, Cumberland
- Hungarian Revolution against pro-Soviet government begins as student demonstration in Budapest
- Suez Crisis: UK and France bomb Egypt to force reopening of canal

November
- Soviet forces crush Hungarian Revolution
- Dwight D. Eisenhower wins second term as US President, beating Adlai Stevenson
- Suez Crisis: petrol rationing in Britain
- Film *And God Created Woman* propels Brigitte Bardot to fame as 'sex kitten'
- Floyd Patterson wins world heavyweight boxing championship

December
- Rose Heilbron becomes Britain's first female judge
- British and French troops leave Suez Canal region

ACROSS THE MERSEY This is the last of the Mersey steam ferries, the *Wallasey*, setting off from Woodside to Liverpool Pier Head. The *Wallasey* was built in 1927 and withdrawn for breaking up in 1963.

1956 Arrivals & Departures

Arrivals

Mel Gibson	Actor	3 January
Imelda Staunton	Actress	9 January
Paul Young	Musician	17 January
John Lydon ('Johnny Rotten')	Punk musician	31 January
Bryan Cranston	Actor	7 March
Andy Garcia	Actor	12 April
Sue Barker	Tennis player and TV presenter	19 April
Lars von Trier	Film director	30 April
Sugar Ray Leonard	Boxer	17 May
La Toya Jackson	Singer	29 May
Kenny G	Saxophonist	5 June
Bjorn Borg	Tennis player	6 June
Chris Isaak	Musician	26 June
Jerry Hall	Model and actress	2 July
Tom Hanks	Actor	9 July
Kim Cattrall	Actress	21 August
Ray Wilkins	Footballer and coach	14 September
Tim McInnerny	Actor	18 September
Sebastian Coe	Athlete	29 September
Theresa May	Politician and Prime Minister	1 October
Amanda Burton	Actress	10 October
Martina Navratilova	Tennis player	18 October
Danny Boyle	Film director	20 October
Carrie Fisher	Actress	21 October
Richard Curtis	Film director and screenwriter	8 November
Bo Derek	Actress and model	20 November
Nigel Kennedy	Violinist	28 December

Departures

Sir Alexander Korda	Film director (b1893)	23 January
A. A. Milne	Author (b1882)	31 January
Hugh Trenchard	Marshal of the RAF (b1873)	10 February
Robert Newton	Actor (b1905)	25 March
Max Beerbohm	Essayist, parodist and caricaturist (b1872)	20 May
Walter de la Mare	Poet and novelist (b1873)	22 June
Jackson Pollock	Painter (b1912)	11 August
Bertolt Brecht	Playwright (b1898)	14 August
Bela Lugosi	Actor (b1882)	16 August
Alfred Kinsey	Sex researcher (b1894)	25 August
Art Tatum	Jazz pianist (b1909)	5 November
Tommy Dorsey	Trombonist and bandleader (b1905)	26 November

ACROSS THE MERSEY Back in the 1950s large numbers of commuters travelled by ferry from the Wirral to their offices and other places of work in Liverpool, quite often completing their journey by tram or bus. If you were employed in one of the many banks or shipping offices in and around Dale Street, where some of the first British steel-framed skyscrapers – modest by transatlantic standards, but skyscrapers all the same – were built, you were still expected to wear a bowler hat. In the background are three tugs and a freighter being escorted towards the Manchester Ship Canal and thence to Manchester, the one-time fourth busiest port in the UK.

LIVERPOOL 'Green Goddess' No 958 passes the impressive bulk of Lime Street station in the city centre. Liverpool has some of the best examples of 19th-century office and civic buildings of any British city: I attended the founding conference of the Northern Branch of the Victorian Society in the magnificent St George's Hall opposite Lime Street station, when Nikolaus Pevsner was the speaker. But in 1956 Liverpool also had the greatest number of slums, fit only for demolition, of any Western European country. As though in sympathy, the seeming very fine trams of the late 1930s had deteriorated rapidly to such an extent that emergency major reconstruction had to be carried out in the years 1950-53 in order to keep them running.

LIVERPOOL Apologies for the less than perfect state of this picture, but we had to include it for it is such a period piece. It is a very long time since pre-war Crossley Titans – or any other form of public transport – served colliery duties from the Pier Head, while the bridge over the Liverpool Overhead Railway in the left distance became redundant at the end of 1956 when the railway closed.

LIVERPOOL Edge Lane was the extensive depot works of Liverpool Corporation Transport Department. In the foreground is No A128, a 1938-vintage Weymann-bodied AEC Regent, while in the distance is No A423, a post-war Weymann-bodied Regent, the body supplied as a shell and much modified, although hardly improved at the Edge Lane works. On the scrap road on the right are 'Marks Bogies' and 'Cabin Cars', the immediate early-1930s predecessors of the 'Liner' cars.

Four Liverpool trams have been preserved. Two still live on Merseyside, operating on the line that runs from Birkenhead Woodside. There is one in a very sad state at the Seashore Museum in Maine, USA, and one at the National Tram Museum at Crich, Derbyshire.

Above left: **LIVERPOOL** Crosville had a big presence at the Pier Head terminus, working out to Huyton and beyond to the Widnes, Runcorn and Chester districts, and to Wales. Here an interesting conversation seems to be going on between the three parties beside a Crosville Lodekka.

Above right: **LIVERPOOL** Ribble also had a big presence in Liverpool, serving the Merseyside suburbs beyond Bootle, and much of west Lancashire. This is No 1243, a 'White Lady' lowbridge East Lancashire-bodied PD2 of 1952, which operated an express service between Liverpool and Blackpool.

Left: **LIVERPOOL** Ribble Titans stand alongside the huge bulk of Liverpool Lime Street station. No 1773, a TD5 of 1938 with a 1948 ECW body, is ahead of an all-Leyland PD2.

Photo	DESTINATIONS
77	SHREWSBURY
78	SHREWSBURY
79	CHESTER
80	BIRKENHEAD
81	WALLASEY
82	'ACROSS THE MERSEY'
83	'ACROSS THE MERSEY'
84	LIVERPOOL
85	LIVERPOOL
86	LIVERPOOL
87	LIVERPOOL
88	LIVERPOOL
89	LIVERPOOL
90	LIVERPOOL
91	WIDNES
92	WIDNES
93	WIDNES
94	WARRINGTON
95	STALYBRIDGE
96	MANCHESTER
97	MANCHESTER
98	WIGAN
99	WIGAN

LIVERPOOL Very nearly the most elegant coaches ever to grace British roads were the Burlingham 'Seagull'-bodied Leyland Royal Tigers and early Tiger Cubs of Ribble. This is No 953 of 1954. I only once travelled in a 'Seagull', between Southport and Preston, a very enjoyable experience; one felt like waving to bystanders and mouthing, 'Look at me in this fabulous vehicle!'

Left: **WIDNES** Transporter bridges were few and far between but Widnes had one, spanning the River Mersey and the Manchester Ship Canal and connecting the Lancashire town with Runcorn in Cheshire. The Manchester Ship Canal opened in 1894 and made it possible for Manchester to become the third busiest port in the UK despite being more than 40 miles inland. It was an extraordinary sight to look across the fields and see an ocean-going, 10,000-ton ship sailing virtually silently past. Opened in 1905, by 1956 the transporter bridge was carrying 280,000 cars, 145,000 commercial vehicles and more than 2 million passengers a year. However, it was by then out of date and in need of extensive reconstruction, so a fixed bridge was erected close by. This opened in July 1961 and the transporter bridge closed the following day. Two working examples survive in the UK, at Newport in South Wales and Middlesbrough. A Widnes PD2 is seen here on the Widnes side of the bridge.

Below: **WIDNES** was a town where practically all its inhabitants depended on one or other of its numerous chemical works for a living (yes, there was a distinct aroma about the place). It also had a great affection for Leyland products, like so many Lancashire towns. Here are two early post-war all Leyland PD1s in the town centre.

Left: **WIDNES** However, a surprise – as no doubt it was to the vehicles themselves – was the arrival in 1955 of four 1946-vintage Weymann-bodied former London Transport AEC Regents, by way of dealer W. North Ltd (an appropriate title) of Leeds.

Below left: **WARRINGTON** also liked to keep Leyland on its toes by occasionally chancing its arm with something different, and bought two batches of the very rare, but local, Foden bus chassis. Here are three all Leyland PD2s in the town centre

Below: **STALYBRIDGE** Manchester began to operate trolleybuses in 1938 and ceased to do so in 1966; at its greatest extent it operated 44 miles of route, some of it quite a bit beyond the city boundaries. This is the Market Street, Stalybridge, terminus of routes 216 and 218; these were jointly operated routes, the city terminus being Piccadilly. On the right a 1956 Bond-bodied BUT of Ashton Corporation stands ahead of a 1955-vintage Manchester Burlingham-bodied BUT. On the left is a Stalybridge, Hyde, Mossley & Dukinfield Transport Board Daimler CVD6 with a Northern Counties body dating from 1948.

Above and right: **MANCHESTER** Above all else Manchester Corporation was associated with Crossley, for it was in that city that the firm had its factory. However, falling sales had seen it bought by AEC in 1948, and the last genuine Crossley was produced in 1953. This is perhaps not a totally representative detailed study of a rather neglected Crossley DD42 of 1949 in its later days, the fuel cap open and the bodywork stained by dripping diesel.

By contrast, this picture of preserved DD42 (right) in the Museum of Transport, Manchester, shows how absolutely splendid a brand new Manchester bus in the red and off-white livery of the time could look.

Above: **MANCHESTER** Spray-painting cut costs but did nothing for the looks of Manchester buses, as this picture of two 1953-vintage all-Leyland PD2s demonstrates, even the bright work of the radiator having been painted over. Nevertheless the internal appointments of Manchester buses at this time were distinctly superior to those of Liverpool.

Lancashire

WIGAN No 118, a Wigan Corporation all-Leyland TD5 of 1939, stands in the town centre. Behind is an 8-foot-wide Ribble all-Leyland PD2. No 118 worked in the town for 19 years, being scrapped in Preston a year later. The Wigan livery of maroon and white was very attractive, especially when gold lining was applied.

Above: **BLACKPOOL** It wasn't until I ventured across the Ribble estuary from Southport, where I was living, that I realised that Lytham and St Annes were actually two separate entities, or at any rate had been until 1922. A tram line ran from Lytham, through St Annes, to Blackpool, being replaced by buses in 1936/37. No 10, an all-Leyland PD2 of 1948, is ready to depart from Blackpool for home.

Above: **WIGAN** Also in the town centre is a Farington-bodied all-Leyland PD2 setting off, while another takes on passengers. Twelve of these handsome buses were delivered in 1953, the last being taken out of service in 1971.

Right: **ROCHDALE** Any Rochdale Corporation bus was instantly recognisable, not because the far and away most popular music hall and film star of the 1930s, Gracie Fields, might be riding in it, but because of its striking ivory and blue livery. Also, most unusually for a Lancashire municipal, it was likely to be either an AEC or a Daimler, no Leylands having entered the fleet after 1939. Here at the town's Mellor Street garage is a fine selection of Weymann-bodied Regent IIIs of 1949 and Daimler CVG6s of 1953/54.

SOUTHPORT for a time outrivalled Blackpool in the number of visitors it attracted, but by the beginning of the 20th century Blackpool had surpassed it, not least because Southport could never make up its mind whether it wanted to go whole-heartedly to attract the sort of trade in which Blackpool excelled, or move up-market and appeal to rich retirees from Manchester, golf enthusiasts from just about everywhere, and the like. Like so many Lancashire towns it favoured Leyland products, although not exclusively. This is No 94, an all-Leyland PD2/3 of 1950, heading down a wet Lord Street, one of the most elegant shopping streets in the country.

SOUTHPORT CORPORATION
TRANSPORT

OFFICIAL

TIME TABLE

UNTIL FURTHER NOTICE

ALTERATIONS MADE TO SERVICES DURING THE CURRENCY
OF THIS TIME TABLE, WILL BE NOTIFIED TO THE PUBLIC BY
THE ISSUE OF HANDBILLS

TRANSPORT OFFICES   JACKSON HOGGARD M.INST.T
1 EASTBANK STREET   GENERAL MANAGER

TEL. SOUTHPORT 5523

PRICE 6 D.

SOUTHPORT Quite the oddest buses ever operated by any bus company in modern times was a fleet of converted Bedford Army lorries that ran a service along Southport beach. Here the tide went so far out that the seaward end of the pier, long enough to sport a railway, was completely out of the water. The world land speed record was broken here in the 1920s and it was a summer tradition, which was still carrying on in 1956 and beyond, that part of the beach was roped off at low tide and pleasure flights landed and took off from it. The art school hired one of these Bedfords for a carnival parade around the town, which was so successful that the next summer we moved up to one of the former 35-seat open-top PS2 Tigers bought from Ribble. I called in at my local garage one morning to find the proprietor hosing down the interior of an E Type Jaguar. 'What on earth are you doing?' I asked. 'Some idiot drove it on the beach last night, had no idea how fast the tide comes in, couldn't get it started in time, just got out himself, and it's a write-off.'

Above: **PRESTON** was yet another good Leyland customer, and here standing on the bridge spanning the railway station is No 99, an all-Leyland PD1 of 1947.

Below: **SHEFFIELD**, like Leeds, was a Yorkshire city that was loath to get rid of its trams. Two are seen here, pre-war Standard No 94 (right) and No 501, the first of the very modern post-war four-wheel cars, built by the Corporation in 1946 and the prototype of the later Roberts cars. Unlike virtually all other tram systems, Sheffield reckoned that at 25 years a tram had had its day and was therefore to be replaced. In 1940 it had a fleet of 444 cars, the majority less than ten years old. The system closed in 1960, but it is perhaps not surprising that trams returned to the city's streets in the guise of Supertram in 1994.

Right: **WAKEFIELD** This quite wonderful picture shows five centre-entrance AEC Regents of the West Riding company with a huge crowd about to set off from Wakefield for a jolly day out at Belle Vue, Manchester, a now vanished pleasure centre that once regularly attracted 2 million people each year. One trusts that the young gentleman in the foreground got his attire properly adjusted before boarding.

Left: **LEEDS** This view of City Square, Leeds, in the 1950s shows that, like a number of cities, the tram added something quite significant to its character, and many regret its passing. Probably better than anyone at conveying this is Alan Bennett, who grew up in the city when the network was still virtually intact. I urge you to read his foreword to Silver Link Publishing's excellent *Leeds in the Age of the Tram, 1950-59*, not least to learn how his father managed to convey his double bass to concerts by tram, to the acute embarrassment of the rest of the family. In the foreground is a works car with, in the distance, a 'Feltham', which had migrated Up North from London, and settled in perfectly happily, much liked by passengers although crews found its braking system somewhat challenging. Leeds trams came to an end in November 1959. The following summer I hitch-hiked up to Leeds in the hope of getting one last ride on a 'Feltham', only to discover I was too late. In those days there was nothing like the network of instant information available today, which partly, at least, explains my ignorance.

BRADFORD Two of the city's Weymann-bodied AEC Regents, Nos 13 and 15 of 1949, load up in the city centre.

BRADFORD But Bradford was all about trolleybuses, the city being renowned for staying faithful to the end to a mode of city transport that many regret was done away with. No 627 is an AEC/English Electric 61T of 1937, while a wartime-specification Sunbeam stands behind.

Left: **BRADFORD** Although an ECW-bodied Bristol KSW6B, this West Yorkshire vehicle, No 861 of 1953, is very certainly not your standard product, being a highly decorated, much modified double-deck coach seen here setting out from Bradford for that Queen of East Coast Resorts, Scarborough.

Below left: **BRADFORD** excelled in its shrewd practice of buying vehicles from various about-to-close systems and rebuilding and rebodying many of its fleet over the years, but it couldn't hold back the tide. Shining, despite the rain, is No 695, a 1942 Sunbeam with a brand-new East Lancashire body. March 1972 marked the end of Bradford's trolleybus system, and the end of trolleybuses in the UK, other than in preservation.

Below: **BRADFORD** Now this is your bog standard Tilling product, and very nice too. West Yorkshire Bristol/ECW LLWL No SCL7 of 1951 will shortly depart, complete with conductress, for the village of Cononley, between Keighley and Skipton, just off the A629.

EDINBURGH has been described as the most beautiful capital city in the world, and with good cause. A rather surprising number of former London Transport 'wartime' Guys, the last of which ceased their employment in the English capital in 1954, made their way northwards over the Scottish border, some swapping one capital city for another. Many were rebodied but some worked, at least for a while, with their original bodies, and this Park Royal-bodied example of 1945, the former No G344 now in SMT colours, is one such, in St Andrews Square. Behind is an SMT AEC Regal, which will depart later for Gullane, a delightful village on the Firth of Forth with a famous golf course.

CITY OF EDINBURGH TRANSPORT MAP

EDINBURGH Horse trams
arrived in the city in 1871 and at
is heyday, which really continued
right up to 1950, the tram
network covered 47 route miles.
Edinburgh trams were always
well maintained and looked
well in their maroon and white
livery but, suddenly, in 1952 the
city fathers decided they had
to go and by the end of 1956
they had. In this view one of the
handsome 1930s-vintage four-
wheelers has come off the North
Bridge, which spans Waverley
railway station, and is turning
into Waterloo Place at the east
end of Princes Street, the city's
premier shopping street, and will
probably swing to the left and
head down Leith Walk. There's a
nice collection of Fords, Austins
and others.

A section of original track is
preserved a hundred yards or so
to the right further up Waterloo
Place, and one working tram,
No 35, built as late as 1948,
is preserved at Crich. Today,
of course, Edinburgh is one of
those fortunate cities that has
reintroduced trams and their
route once again covers most
of Princes Street; it is likely that
it will be extended down to
Leith. Edinburgh built the great
majority of its cars itself, in its
Shrubhill Works.

left: **GLASGOW** was for long a tram lover's delight with a huge fleet serving a vast network stretching out beyond the city boundaries. In this typical Glasgow street scene one of the four-wheel Standards, of which there were more than 1,000 alone, built between 1898 and 1924, is being followed by a 'Kilmarnock Bogie' of 1927-29, so called because Kilmarnock was where its bogies were manufactured.

Below left: **GLASGOW** ladies alight and board No 1103, a 'Kilmarnock Bogie' on a wet Argyle Street. An Austin Sheerline is squeezing past, and one of the last and finest Glasgow trams, a post-war 'Coronation', is in the distance, with Glasgow Central station beyond. Like Edinburgh, Glasgow built practically all its own trams, at the Corporation's Coplawhill Works. A quarter of a million Glaswegians – and others – watched the final-day procession of 20 cars on 4 September 1962. If ever a UK city should have joined the exclusive ranks of the second generation of trams it is Glasgow. It is still not too late.

Below: **GLASGOW** A Scottish SMT ECW-bodied Bristol LS coach, parked by Glasgow St Enoch railway station, is employed ferrying passengers who will be flying BEA to Stornoway in the Western Isles.

Right: **GLASGOW** An SMT AEC Regal III of 1948 with a rebuilt, full-fronted Alexander body is about to set off across the border on a joint SMT/Ribble service to Blackpool. To quote Alan Millar, 'Those paper labels were a hallmark of SBG for decades. Forests must have been felled in the cause of manufacturing them. As here they supplemented the limited potential of small destination screens.' This Regal had been 'modernised' by Dickson of Dunbar in an attempt to make it resemble an underfloor-engine Regal IV, and although it might have been classed as a coach, the seats are by no means what we have come to think of as coach seats.

Left: **GLASGOW** This Western SMT AEC Regent II of 1947 carries a Northern Counties body that looks absolutely pristine.

Above right: **GLASGOW** This wartime Guy Arab of Alexander, No RO451, was rebodied in 1947 by ECW.

Right: **GLASGOW** This extraordinary looking contrivance was once an Alexander bus company Albion PW65 of 1931. It was rebodied by Alexander in 1936, but one can only assume that an over-enthusiastic amateur bodger extraordinaire was let loose on it after it had ended passenger service to produce the result we see before us!

GLASGOW Smith's of Barrhead was owned by the Scottish Co-operative Wholesale Society and worked in the Paisley area, its services expanding after the trams were withdrawn in 1957. The company would later give up its Paisley services to Western SMT. Seen here is a 1947 lowbridge Crossley.

PERTHSHIRE This Alexander Bluebird Leyland TS8 Tiger No P565 of 1939 is on the B847 just short of 13 miles from Kinloch Rannoh on its way to Perth. The finger post on the right of the picture shows the direction to Struan station (closed in 1965) which was on the line from Inverness to Perth.

Index to locations and operators